Anselm Grün

Von Gipfeln und Tälern des Lebens

anselm grün

von gipfeln und tälern des lebens

adeo

Vier-Türme-Verlag

Inhalt

Einleitung

Seit meiner Jugend faszinieren mich die Berge. Mit meinem Vater sind wir bereits als Kinder dorthin gefahren. Und seither wandere ich fast jedes Jahr mit meinen Geschwistern in den Bergen. Zum ersten Mal erlebte ich das Faszinierende der Berge als junger Ministrant mit zehn Jahren, als unser Kaplan mit uns und den älteren Jugendlichen ein Zeltlager in Hinterriss, einem kleinen Ort im Karwendelgebirge, veranstaltete. Dort gingen wir als Kinder zusammen mit den Jugendlichen auf manchen Gipfel. Es war anstrengend, aber es hat uns zugleich in besonderer Weise angesprochen. Wir waren stolz, wenn wir oben auf dem Gipfel standen und die Aussicht genießen konnten.

Das Karwendelgebirge mit seinen felsigen Bergen hatte zuvor in mir immer das Gefühl ausgelöst: Auf diese Berge kann man unmöglich steigen, die sind nur für Kletterprofis. Doch dann gingen wir markierte Pfade, die uns langsam, aber sicher auf den Gipfel führten. Es waren keine allzu schweren Wege, nur gegen Ende galt es, etwas zu klettern. Aber die älteren Jugendlichen halfen uns, indem sie uns die Hände entgegenstreckten, damit wir die steileren Felsen überwinden konnten. Es war eine wichtige Erfahrung und Erkenntnis für mich, die ich damals mit zehn Jahren machte: Wenn man einen hohen Berg vor sich sieht, meint man, man würde es nicht schaffen, ihn zu erklimmen. Doch wenn ich Schritt für Schritt gehe, wenn ich mir kleine Zwischenziele setze, dann gelange ich letztlich zum Gipfel.

Übertragen auf andere Lebensbereiche bedeutet dies für mich: Ich darf nicht sofort auf das Ganze einer Arbeit schauen und mir von der Größe der Aufgabe Angst machen lassen. Sonst würde ich nie den Anstieg wagen. Aber wenn ich mit dem Aufstieg beginne und mich von anderen mitnehmen lasse, dann wird das scheinbar Unmögliche auf einmal möglich.

Als ich sechzehn Jahre alt war, unternahm ich mit zwei meiner Brüder und zwei Vettern Radtouren in die Alpen. Wir nahmen alles mit, was wir brauchten: ein einfaches Zelt, Schlafsäcke und einige Konservendosen, und suchten uns im Pitztal, im Ahrntal oder im Silvrettagebirge einen Zeltplatz. Auch das war eine wichtige Erkenntnis für mein Leben. Wenn ich etwas wage, muss ich mich zuerst hinsetzen und überlegen, was nötig ist. Welchen Proviant muss ich mitnehmen? Was brauche ich auf jeden Fall? Worauf kann ich verzichten?

Die Planung der Fahrt wurde so auch zu einer Lehrstunde für das Leben.

Wir machten uns immer in den großen Ferien auf den Weg. Danach begann dann ein neuer Abschnitt, ein neues Schuljahr. Immer wieder stellte sich dann die Frage: Was brauche ich für das nächste Schuljahr, um es gut zu bewältigen? Welche Kenntnisse muss ich vertiefen, welchen Stoff muss ich vielleicht noch nachholen? Wo soll ich mit alldem anfangen? Welche Schwerpunkte will ich setzen?

Wenn wir an unserem Zielort mitten in den Bergen ankamen und einen Platz gefunden hatten, an dem wir uns mit unserem Zelt niederlassen konnten, haben wir dort zuerst eine Feuerstelle eingerichtet: aus Steinen einen Ring gelegt und einen größeren Ast gesucht, an dem wir mit Draht unseren Kochtopf befestigen konnten. Dazu haben wir mit zwei Astgabeln eine Aufhängung gebaut. Am offenen Feuer haben wir dann abends oder zum Mittagessen unsere einfachen Gerichte gekocht: Knödel mit Gulasch, Nudeln mit Tomatensoße und ähnliche Dinge.

Wir lebten damals äußerst sparsam, außer Brot und Butter kauften wir uns unterwegs nichts. Als junge Menschen hatten wir morgens einen Riesenhunger, täglich brauchten wir ein neues Brot.

Nach dem Frühstück sind wir dann in die Berge losgezogen. Wir hatten damals fast unerschöpfliche Kräfte. Wir sind einfach schnurstracks den Berg hinaufgestiegen, alles schien uns leicht. Wir spürten die Mühe des Aufstiegs kaum und auf dem Rückweg ins Tal sind wir mit großen Schritten gelaufen. Ganz stolz waren wir, als wir auf unserem ersten Dreitausender standen: dem Fundusfeiler im Pitztal. Wir genossen den Blick auf die Pitztaler und Ötztaler Alpen und hatten, während wir in die Weite schauten, den Ehrgeiz, auf unserer Karte jeden Gipfel zu identifizieren.

Vier Rad- und Bergtouren haben wir in diesen Jahren gemeinsam unternommen. Danach habe ich mich entschieden, ins Kloster Münsterschwarzach einzutreten, und habe einige Jahre pausieren müssen, bis ich nach der Priesterweihe mit meinen Brüdern Konrad und Michael, meinen Vettern, Pater Udo und Bernhard und meiner jüngsten Schwester Elisabeth die erste Wanderung durch die Dolomiten gewagt habe. Gemeinsam sind wir von Hütte zu Hütte gewandert, alles Notwendige hatten wir in unseren Rucksäcken verstaut. Das war eine neue Erfahrung. Auf dem Fahrrad kann ich noch eher etwas mitnehmen, was nicht unbedingt lebensnotwendig ist. Wenn ich jedoch den Rucksack selbst trage, muss ich genau überlegen, was alles hineingehört.

Durch das Leben gehen wir zu Fuß. Da fahren wir nicht mit dem Auto oder Fahrrad. Daher braucht es ein gutes Sichten dessen, was in den Rucksack unseres Lebens gehört. Ich kann nicht alles auf meinem Weg mitnehmen, sondern nur das, was ich wirklich brauche, um auf meinem Weg voranzukommen.

Schon als Jugendlicher habe ich das Bergsteigen als Einübung in Disziplin verstanden. Es war ein Symbol dafür, dass ich das Leben selbst in die Hand nehme und es gestalte, dass ich mir Ziele setze und sie auch erreiche. Was ich als Jugendlicher instinktiv spürte, das habe ich später bei Viktor E. Frankl, dem Wiener Psychotherapeuten und begeisterten Alpinisten, nachgelesen. Er hat in einem Vortrag einmal gesagt, der Alpinist „konkurriert und rivalisiert nur mit einem, und das ist er selbst. Er verlangt etwas von sich, er fordert etwas von sich“[1]. Er spricht weiter davon, dass der Mensch die innere Spannung braucht, zwischen sich und einem Ziel, das er sich setzt.

Wenn wir uns beim Bergsteigen ein Ziel setzen, so erzeugen wir eine gesunde Spannung in uns, die uns guttut. Wenn wir uns permanent unterfordern, zieht oftmals das

1 Viktor E. Frankl, Bergerlebnis und Sinnerfahrung, Innsbruck 1993, S. 11.

Gefühl der Sinnlosigkeit in unser Leben ein. Ziellosigkeit verhindert, dass wir die Kräfte wirklich entfalten können, die in uns stecken. Allerdings muss das Ziel angemessen gesetzt werden. Wenn wir uns zu hohe Ziele setzen, überfordern wir uns. Wenn wir uns jedoch nichts zutrauen, verliert die Lebensreise an Kraft. Das Ziel verleiht unserem Wandern eine innere Dynamik, die uns guttut.

Je älter ich werde, desto mehr verstehe ich das Wandern als Bild für meinen Weg als Mensch. Jeder Abschnitt hat dabei einen anderen Charakter. Jetzt, mit über siebzig Jahren, habe ich nicht mehr den Ehrgeiz, die höchsten Gipfel in kürzester Zeit zu besteigen. Es reicht mir, auf einer Höhe zu bleiben, ich freue mich an dem, was ich unterwegs an Schönheiten entdecken kann. An den farbenfrohen Wiesenblumen, dem Schatten eines Baumes am Wegrand, der kühlen Quelle, an der wir rasten. Ich muss keinen Gipfel mehr erreichen, ich habe mich damit ausgesöhnt, meine Grenzen zu akzeptieren. Aber trotzdem zieht es mich immer noch in die Berge. Und ab und zu kann ich doch noch einen Gipfel erklimmen.

Das Wandern in den Bergen übt nach wie vor seine Faszination auf mich aus. Hier teste ich immer wieder meine Grenzen aus. Ich traue mir noch etwas zu. Das hält mich gesund.

In diesem Buch möchte ich das Wandern in den Bergen als Bild für unseren Lebensweg meditieren. Das Wandern ist für mich zum Gleichnis geworden, zum Gleichnis für das Leben. Beim Wandern wie im Leben geht es immer wieder darum, sich neuen Herausforderungen zu stellen, sich und seine Kräfte zu erproben, an den Aufgaben zu wachsen.

Wir kommen unterwegs immer wieder an unsere Grenzen, wir merken manchmal, dass der Weg nicht weitergeht. Dann muss man sich neu orientieren. Zum Leben gehören Gipfelerlebnisse und Talsohlen, beschwerliche Aufstiege und wehmütige Abschiede. Wandern kann ich alleine, dann werde ich mit mir selbst konfrontiert. Aber ich wandere auch gerne in Gemeinschaft, gerade mit meinen Geschwistern. Es tut gut, miteinander unterwegs zu sein, sich gegenseitig zu stützen, zu ermutigen oder einfach ins Gespräch zu kommen.

Wandernd haben schon die griechischen Philosophen ihre wichtigsten Ideen entwickelt. Und so ist das Wandern immer auch inspirierend. Oft kommen mir beim Wandern neue Ideen, die ich dann gerne irgendwann einmal aufschreibe. Aber ich benutze die Zeit des Wanderns nie, um Gedanken zu notieren. Ich führe kein Tagebuch. Und während des Urlaubs verzichte ich auf jedes Schreiben. Da überlasse ich mich nur dem Gehen und Schauen, den Gesprächen und dem Innehalten.

Von den Ideen, die mir beim Wandern gekommen sind, möchte ich in diesem Buch erzählen. Und ich möchte am Ende auch die Bibel befragen, was sie zum Weg und zum Geheimnis des Berges zu sagen hat. Die biblischen Gedanken sollen die eigenen Erlebnisse ergänzen und uns nochmals die Augen öffnen für das, was beim Wandern, beim Besteigen von Gipfeln und dem Durchschreiten von Tälern geschieht.

Ich widme dieses Buch meinen Geschwistern, mit denen ich die meisten Erfahrungen beim Wandern machen durfte. Uns allen ist es zum Symbol für unser Leben geworden. Und in den letzten Jahren werden uns auch unsere Grenzen immer mehr bewusst. Bei der Planung der Touren sind wir bescheidener geworden. Trotzdem trauen wir uns noch das zu, worauf wir Lust haben. Und wir spüren: Jedes Jahr werden wir andere Erfahrungen mit dem Wandern machen. Wir wollen uns, solange uns die Füße tragen, diesen Erfahrungen immer wieder neu aussetzen, weil sie uns im Laufe der Jahre so wertvoll geworden sind, dass wir auch weiter wandernd uns wandeln wollen.

KAPITEL 1

Bevor ich losgehe

Die Route planen

Mein Bruder Konrad ist immer für die Planung unserer Touren und die Wanderrouten zuständig. Vor jedem Urlaub besorgt er sich die nötigen Karten. Das ist ein schönes Bild dafür, dass man sich auch im Leben erst einmal gründlich orientieren und vorbereiten muss, um abzuschätzen, wie der Weg verläuft, ob man die nötigen Voraussetzungen und die Kraft dafür hat – damit es am Ende schön werden kann. Wo und wie soll ich beginnen? Wohin wird mich der Weg führen? Welche Herausforderungen warten auf mich? Habe ich die nötige Ausdauer dafür? An welchen Punkten kann ich mich unterwegs orientieren?

Wenn man in den Bergen wandern will, muss man den Wetterbericht im Auge haben. Was ist die Vorhersage für die nächsten Stunden? Soll es regnen, gewittern oder sogar schneien? Dann kann es schnell gefährlich werden.

Das gilt auch für mein Leben: Natürlich können wir nicht alles vorhersagen – und es kann uns auch keiner sagen, wie es zukünftig aussehen wird. Aber mit manchem kann man rechnen, wenn man die Zeichen zu deuten weiß. Dann können wir uns besser vorbereiten auf die Stürme des Lebens, auf die Herausforderungen, denen wir uns stellen müssen. Kann ich ihnen standhalten? Wenn man es umgehen kann ist es gut, nicht sehenden Auges in ein Unwetter hineinzumarschieren. Und wenn absehbar ist, dass ein sonniger Abschnitt vor uns liegt, sollen wir fröhlich aufbrechen und das Leben in vollen Zügen genießen. Und wer weiß, dass auf Regen immer wieder Sonne folgt, dass es jemand gut mit uns meint, der kann voller Zuversicht und Vertrauen seinen Weg gehen.

Bevor wir gemeinsam ins Gebirge fahren, hat Konrad zu Hause schon die verschiedenen Wege, die es sich zu gehen lohnt, ausfindig gemacht. Am Vorabend einer geplanten Wanderung beratschlagen wir dann, welchen Weg wir am folgenden Morgen gemeinsam gehen sollen. Mein Bruder Michael bringt seine Erfahrungen von zahlreichen Touren ein. Gabi, seine Frau, ist Geografin. Sie beurteilt die Routen immer danach, ob sie geologisch interessant sind und ob sie etwas besonders Schönes am Wegrand bieten. Agnes, die Frau von Konrad, beurteilt die Routen eher mit Blick auf ihre eigene Leistungsfähigkeit. Sie stammt aus dem Hunsrück und ist das erste Mal nach ihrer Hochzeit mit Konrad in den Alpen gewandert.

Ich selbst schaue auf beides: auf meine Leistungsfähigkeit, aber auch auf den Reiz der Route, den ich aus den Schilderungen meiner Brüder heraushöre. Meine jüngste Schwester Elisabeth ist mit allem einverstanden, was wir planen. Sie ist als Jüngste auch die Fitteste. Sie läuft jeden Tag. Und so freut sie sich auf jede Tour.

Die erste Wegstrecke sollte nicht zu beschwerlich sein. Wir wollen langsam anfangen und nicht die langen und anstrengenden Routen gleich zu Beginn wagen. Zuerst müssen wir uns einlaufen. Außerdem gilt es immer, das Wetter im Blick zu haben. Wir hören deshalb vorab grundsätzlich den Wetterbericht, auch wenn wir uns darauf nicht immer hundertprozentig verlassen können. Dann einigen wir uns auf eine Tour, die wir uns zutrauen.

Eine wesentliche Frage im Vorfeld ist auch: Sind alle gesund oder hat jemand irgendwelche Beschwerden? Es geht nicht nur darum, die eigenen Kräfte gut einzuschätzen, sondern auch Rücksicht zu nehmen auf die der anderen.

Auch das ist ein Bild für unser Leben: In der Familie können wir nicht nur auf unsere eigene Kraft schauen. Es gilt immer auch, die Kondition zu berücksichtigen, die der Partner oder die Kinder mitbringen. Dabei ist beides wichtig. Einerseits ehrlich zu sich selbst zu sein: Was traue ich mir zu? Was möchte ich gerne? Wohin geht meine Leidenschaft? Andererseits muss es aber auch ein gemeinsamer Entscheidungsprozess sein. Ich kann nicht einfach meine Meinung durchsetzen. Zudem gilt es zu erspüren, was für die anderen möglich ist und worauf sie Lust haben. Dann müssen wir uns gemeinsam entscheiden. Dabei braucht es beides: die Klarheit zu sagen, was ich möchte, und zugleich die Bereitschaft, von meinen eigenen Wünschen zurückzutreten und mich auf die der anderen einzulassen. Wenn ich nur nachgebe und am nächsten Tag missmutig den Weg mitgehe, für den sich die Mehrheit entschieden hat, dann werde ich nicht nur die Stimmung in der Gruppe trüben, sondern mir auch selbst keinen Gefallen tun. Es ist wichtig, dass ich flexibel bin, dass ich mich mit ganzem Herzen auf den Wunsch der Mehrheit einlassen kann. Wenn ich am nächsten Tag den anderen nur Vorhaltungen mache, den Weg kritisiere und schildere, wie schön der von mir gewählte gewesen wäre, dann kann niemand in der Gruppe den Tag genießen.

Sich für einen Weg zu entscheiden, bedeutet immer auch, sich gegen einen anderen zu entscheiden. Zwar können wir diesen vielleicht an einem anderen Tag gehen. Aber manchmal wird die Entscheidung für den einen Weg den anderen auch ausschließen. Mit dieser Begrenzung muss ich leben. Das gilt auch für das Leben an sich. Wir können nicht alle Möglichkeiten auf einmal leben. Wir müssen uns immer für einen Weg entscheiden. Und die Entscheidung engt ein. Sie ist mit einem Abschiednehmen von den anderen Wegen und Möglichkeiten verbunden.

Aber nur, wenn ich diese Entscheidung bewusst treffe, kann ich mich ganz auf den gewählten Weg einlassen. Und dann wird dieser für mich zu einem tiefen Erlebnis. Wenn ich unterwegs der anderen Möglichkeit nachtrauere und immer wieder davon spreche, wie es wohl jetzt wäre, wenn wir den anderen Weg genommen hätten, werde ich keine guten Erfahrungen dort machen, wo ich jetzt gerade unterwegs bin.

In der Begleitung anderer erlebe ich viele Menschen, die sich nicht entscheiden können. Sie wollen oft alles auf einmal. Aber jede „Wanderung" erfüllt nur ganz bestimmte Erwartungen und nicht alle meine Sehnsüchte. Oder aber sie überlegen viel zu lange, was die Vorteile oder Nachteile dieses oder jenes Weges sind. Die Entscheidung kann man nicht rein rational treffen. Man muss sich irgendwann für einen Weg entscheiden. Ich kann diesen aber nur dann mit aller Kraft gehen, wenn ich den anderen Wegen nicht nachtrauere.

Ein Beispiel: Zu mir kam eine Studentin, die sich für ein Medizinstudium entschieden hatte. Bei jeder Schwierigkeit, die auftrat, trauerte sie darüber, dass sie sich nicht stattdessen für das Musikstudium eingeschrieben hatte.

Einen Weg zu gehen, heißt immer auch, Abschied zu nehmen von einem anderen. Dieser wäre sicher auch schön geworden. Aber ich kann nur einen Weg gehen. Etwas eine Weile zu betrauern, um es zu verabschieden, kann helfen.

Aber wir dürfen dabei nicht stehen bleiben. Der Studentin, von der ich erzählt habe, nahm das permanente Kreisen um die ewig gleichen Gedanken alle Energie für ihr Studium.

Ähnliches erlebe ich bei alten Menschen, die den Lebenswegen nachtrauern, die ungelebt geblieben sind. Sie werfen sich vor, dass sie den falschen Weg gewählt haben. Sie malen sich aus, wie der andere Weg gewesen wäre oder dass sie damit in ihrem Leben weitergekommen wären. Doch solche Überlegungen sind Energieverschwendung. Sie rauben uns die Energie, die notwendig ist, um den Weg, den wir gewählt haben, gut weiterzugehen. Nur wenn ich den anderen Weg innerlich verabschiedet und betrauert habe, kann ich mich ganz auf den ausgewählten Weg einlassen und ihn genießen. Dann werde ich auf diesem wichtige Erfahrungen machen, auch wenn es manchmal beschwerlich ist und manches Unvorhergesehene mir auf diesem Weg begegnen wird.

Wage-Mut

Jeder neue Weg ist auch ein Wagnis. In jedem Urlaub gehe ich mit meinen Geschwistern solche neuen Wege. Es ist vielleicht manchmal einfacher, den vertrauten Weg nochmals zu gehen. Aber eigentlich ist es interessanter, immer Neues auszuprobieren.

Natürlich lesen wir im Vorfeld erst einmal die Beschreibung der Tour, die wir uns ausgesucht haben, und versuchen, uns vorzustellen, wie dieser Weg wohl sein wird. Aber die Beschreibung nimmt uns nicht das Wagnis ab, auf das wir uns einlassen: denn unterwegs sieht es dann oft anders aus, als wir es uns vorher ausgemalt haben. Der Anstieg ist steiler als gedacht und auf der Karte erkennbar, Trittstufen sind ausgewaschen, Geländer gebrochen, Wege durch einen Erdrutsch versperrt. Und manchmal spüren wir da auch in uns selbst Hindernisse – vielleicht sollten wir doch lieber den altbewährten Weg gehen? Doch dann siegt oft die Lust am Wagnis.

Es ist schön, sich auf einer Wanderung eine neue Landschaft, ein neues Tal zu erobern, einen unbekannten Gipfel zu erklimmen und neue Wege zu gehen. Sie erweitern den Horizont und ermöglichen uns immer wieder neue Erfahrungen und Erlebnisse.

Das deutsche Wort „Wagnis“ kommt vom Verb „etwas wagen“. Das meint ursprünglich: Ich lege etwas auf die Waage, ohne zu wissen, wie sie ausschlägt. Ich riskiere etwas, dessen Ausgang ich nicht kenne. Risiko ist immer mit Gefahr verbunden. Das sagt schon das französische Wort *risque* (= Gefahr; *risquer* = in Gefahr bringen, aufs Spiel setzen). Wenn ich etwas wage, gehe ich das Risiko einer Gefahr ein. Es kann auch schiefgehen. Daher ist es gut, das Risiko vorher abzuschätzen. Ich soll wagemutig sein, aber nicht tollkühn. Das Wort „tollkühn“ zeigt schon, dass da einer seinen Wagemut mit innerer Tollheit, Verrücktheit verbindet. Und das tut uns nicht gut.

Das Leben zu wagen, fällt heute vielen Menschen schwer, gerade jüngeren. Sie wollen sich lieber absichern, anstatt einfach einen Weg auszuprobieren. Sie überlegen lange, ob sie eine Stelle in einem Unternehmen annehmen sollen, ob sie damit vielleicht am Ende überfordert sind oder viele ihrer lieb gewonnenen Gewohnheiten lassen müssen. Doch vor lauter Absicherung kommen sie nicht in die Gänge. Sie wagen das Leben nicht.

An jedem Morgen, an dem wir uns zu einer Wanderung aufmachen, wagen wir etwas. Und weil wir beim Wandern wagemutig sind, trauen wir uns auch im Alltag, so manches Wagnis einzugehen. Wir wollen uns nicht vorher gegen alle Risiken absichern. Und eines ist sicher: Es gibt kein Leben ohne Wagnis. Wer aus dem Haus tritt, geht schon das Risiko ein, dass ihm ein Ziegel auf den Kopf fällt. Und wenn er dieser potenziellen Gefahr aus dem Weg geht und daheim bleibt, kann es sein, dass er im Badezimmer ausrutscht oder sogar im Schlaf vom Schlag getroffen wird. Wer leben will, muss es wagen. Ohne Wagemut ist das Leben nicht zu haben.

Ich bin dankbar, dass ich von meinem Vater den Mut zum Wagnis gelernt habe. Er ist 1923 ohne finanzielle Absicherung einfach von Essen-Katernberg nach München gezogen. Es war die Zeit, in der hohe Arbeitslosigkeit herrschte. Aber er hat sich mit Arbeiten auf dem Bau durchgeschlagen und dann schließlich ein eigenes Geschäft gegründet. Er hat etwas riskiert. Als Junggeselle ist er oft allein in die Berge gefahren und hat manchen Gipfel im Alleingang gewagt. Er erzählte uns Kinder später immer wieder einmal voller Stolz, dass er damals sogar bis auf die Zugspitze gestiegen ist. Sein Lieblingsberg war jedoch der Patscherkofel bei Innsbruck, den er immer wieder erstiegen hat. Er war aber dabei kein Draufgänger, sondern hat uns vor allem von der Schönheit der Berge vorgeschwärmt. Und als wir viel später als

Jugendliche unsere Radtouren und Bergwanderungen machten, hat mein Vater nie Angst um uns gehabt. Er hatte immer das Vertrauen, dass wir schon wieder heil zurückkommen werden, und war stolz, wenn wir von manch waghalsigen Aufstiegen erzählt haben.

Wenn junge Menschen heute oft wenig wagen, hängt es sicher auch mit dem zusammen, was ihnen ihre Eltern vermitteln. Wenn sie ihnen vor allem Ängstlichkeit und die Tendenz, sich in allem abzusichern, mit auf den Weg geben, dann fällt es jungen Menschen schwer, ihr Leben in die Hand zu nehmen.

Einen neuen Weg einzuschlagen, ist letztlich eine Einübung, das Leben selbst zu wagen. Wir haben nie die Gewissheit, dass das Leben gelingt. Wir wagen einen Weg und vertrauen darauf, dass wir auf diesem weiterkommen, nicht nur bei einer Wanderung, sondern auch in unserem Leben.

Dieser Wagemut fehlt heute aber nicht nur jungen Menschen. Auch viele in der Lebensmitte trauen sich nicht, neue Wege zu gehen. Sie bleiben lieber auf ihren ausgetretenen Pfaden, weil sie Angst haben, aus den gewohnten Gleisen auszuscheren. Es könnte ihnen ja etwas entgegenkommen, das sie zwingt, von ihren alten Gewohnheiten zu lassen und etwas Neues zu beginnen. Häufig jammern sie dann später darüber, dass sie nie den Gipfel erreicht und die schöne Aussicht genossen haben.

Ich erlebe in der Begleitung immer wieder Menschen, die Hilfe suchen, um ihr Leben zu bewältigen. Zugleich haben sie Angst, etwas Neues zu wagen. Wenn ich sie frage, was ihnen helfen könnte, wissen sie keine Antwort. Wenn ich selbst etwas Neues vorschlage, schrecken sie zurück: Bei mir geht das nicht! Davor habe ich Angst. Das traue ich mir nicht zu. Doch ohne ein Wagnis werden wir nie weiterkommen auf unserem Lebensweg.

Zögern vor dem Aufbruch

Am Vorabend war alles klar, doch in dem Moment, in dem wir aufbrechen möchten, kommen uns manchmal dann doch Bedenken: Hält das Wetter wirklich? Ein anderer sagt: Ich habe heute Nacht nicht so gut geschlafen. Schaffe ich den Weg unter diesen Voraussetzungen oder ist es mir doch zu viel? Ein ungutes Gefühl beschleicht uns: Haben wir uns vielleicht doch mit den Höhenmetern verschätzt, die wir bezwingen wollen?

Viele Menschen kennen dieses Zögern kurz vor dem Aufbrechen. Im letzten Moment hält uns etwas zurück. Wir zweifeln, ob es richtig ist, sich auf dieses Wagnis einzulassen.

Es gibt ein gutes Zögern, das uns vor dem Aufbruch nochmals vor Augen hält, worauf wir uns einlassen wollen, und das uns einlädt, unsere Kräfte nochmals einzuschätzen. Aber es gibt auch das Zögern, das uns ohne wirklichen Grund daran hindert, überhaupt jemals wirklich aufzubrechen. Es hindert uns letztlich am Wagnis des Lebens.

Zögern heißt: etwas wiederholt hin und her ziehen. Wir ziehen die Gedanken mal in die eine Richtung und dann wieder in die andere, aber wir entscheiden uns nicht. Wir verzögern die Entscheidung, schieben sie hinaus. Ähnlich ist es mit unserem Leben: Wir schieben das Wichtige oftmals auf.

Leben heißt: sich entscheiden. Wir gestalten unsere Lebensgeschichte durch die Entscheidungen, die wir treffen. Wer keine Entscheidung trifft, über den entscheiden andere oder die Entwicklung der Dinge. Im schlimmsten Fall wird jemand Leidtragender dieser Entscheidungen.

Wer eine wesentliche Entscheidung ständig hinausschiebt, der hindert sich am Leben. Was ich hinausschiebe, das wird zu einem Berg, den ich dann nie mehr besteigen kann. Er wird immer höher und nimmt mir letztlich die Kraft, den ersten Schritt zu tun.

Der Berg ist nicht nur das Ziel unserer Wanderungen. Wir sprechen oft auch davon, dass wir vor einem Berg von Problemen stehen, dass die Arbeit zu einem Berg wird, den wir nicht mehr überblicken und den wir kaum bewältigen können. Die liegen gebliebenen Briefe haben sich beispielsweise zu einem Postberg aufgestapelt, der noch erledigt werden muss. Und oft erleben wir die grundsätzlichen Fragen und Probleme unseres Lebens wie einen Berg, der sich vor uns auftürmt. Diese Erfahrung spricht Jesus an, wenn er zu seinen Jüngern sagt:

„Ihr müsst Glauben an Gott haben. Amen, das sage ich euch: Wenn jemand zu diesem Berg sagt: Heb dich empor und stürz dich ins Meer!, und wenn er in seinem Herzen nicht zweifelt, sondern glaubt, dass geschieht, was er sagt, dann wird es geschehen" (Mk 11,23). Jesus meinte das sicher nicht wörtlich, dass wir es fertigbringen, den Berg – etwa die Zugspitze – zu versetzen oder gar ins Meer stürzen zu lassen. Er will uns nicht zu Zauberstücken verführen, sondern möchte unseren Glauben stärken. So ist der Berg ein Bild. Und dieses Bild ist sprichwörtlich geworden: Wir sehnen uns nach einem Glauben, der Berge versetzen kann.

Wenn ich im Glauben an Gott meinen Grund habe, dann spüre ich von ihm her eine Kraft in mir, die nicht verzagt vor dem Berg an Arbeit, der vor mir liegt. Ich werde im Vertrauen auf Gott einfach anfangen und allmählich wird der Berg immer kleiner werden.

Wenn sich ein Berg von Problemen auftürmt, die ich am liebsten ängstlich vermeiden würde oder vor denen ich meine Augen verschließen möchte, dann kann der Glaube mir das Vertrauen vermitteln, dass sich diese Probleme lösen lassen. Der Glaube ist mir nicht nur das Fundament, auf dem ich stehen kann, um mich an die Arbeit oder Lösung der Probleme zu machen. Er schenkt mir auch eine andere Sichtweise: Ich erhebe im Glauben meine Seele zu Gott und schaue von ihm her auf meine Probleme. Ich schaue von einem höheren Punkt aus auf den Berg von Arbeit oder Schwierigkeiten. Und durch diesen Blick relativieren sich meine Probleme. Sie erscheinen mir nicht mehr übergroß.

Beim Bergsteigen machen wir eine ähnliche Erfahrung. Wenn wir unten stehen, denken wir: Das schaffen wir nie, dieser Berg ist zu hoch und der Weg zu schwer. Manchmal sehen wir erst gar keinen möglichen Weg, sondern nur den Felsen, der uns unbezwingbar erscheint. Aber wenn wir uns dann auf den Weg machen, Schritt für Schritt, kommt der Berg näher. Auf einmal haben wir ihn dann tatsächlich bestiegen. Dann spüren wir: Alle Befürchtungen haben sich in nichts aufgelöst.

Wer alles nur hinaus- oder vor sich herschiebt, vor dem türmen sich Berge, die nicht mehr zu schaffen sind. Das Zögern ist so ein Aufschieben, das die Berge immer größer werden lässt. Diese Erfahrung kenne ich vom Aufbrechen beim Wandern: Wenn wir zu zögerlich sind, dann wird es immer später. Und je später es wird, desto weniger Lust haben wir, den langen Weg zu wagen. Normalerweise halten wir uns nicht zu lange auf, wenn wir loswollen. Denn wenn wir zu lange hin und her diskutieren, ob wir den Weg wirklich gehen wollen, ist dies am Ende nicht mehr möglich, weil er mehr Zeit verlangt hätte, als uns dann noch bleibt. Daher haben wir uns angewöhnt, in diesem Moment einfach zu entscheiden. Wir können nicht alle Eventualitäten voraussehen: wie das Wetter wird und wie der Weg wirklich verläuft. Deshalb wagen wir es einfach. Zu langes Zögern kostet Energie – Energie, die wir für das Wandern brauchen.

Wenn ich im Alltag zu stark zögere, ob ich bei einem Kurs, den ich halten soll, diese oder jene Übung einsetze, oder wenn ich zu lange überlege, ob ich diesem oder jenem Menschen einen Brief schreiben soll, dann spreche ich mir oftmals selbst ein Wort zu, das Jesus dem Gelähmten gesagt hat: „Steh auf, nimm dein Bett und geh!" (Joh 5,8). Dieser Gedanke zerstreut alle zögerlichen Überlegungen. Ich tue dann das, was mir mein Herz gerade sagt, ich traue dem Gefühl, das gerade in meinem Herzen auftaucht. Ich höre auf, die Entscheidung noch weiter zu bedenken, und nehme in Angriff, was ich gerade als richtig erspüre, ohne es nochmals infrage zu stellen. Wenn ich dies tue und einfach aufstehe und gehe, überwinde ich die innere Lähmung, so wie es der Text beschreibt.

Ich kenne Menschen, die beispielsweise lange überlegen, ob sie zu einer Geburtstagsfeier gehen sollen, zu der sie eingeladen sind. Andere grübeln darüber nach, was sie anziehen oder was sie dem Geburtstagskind schenken sollen. Sie malen sich aus, was die anderen denken könnten, wenn das Geschenk zu klein oder zu groß ausfällt. Sie überlegen, was die anderen anziehen, ob sie sich leger oder feierlich kleiden. Manche können sich tagelang mit solchen Überlegungen beschäftigen und sich damit aller Energie berauben. Da wäre es besser, kurz innezuhalten und sich zu sagen: „Steh auf, nimm dein Bett und geh!" Nimm deine Unsicherheit unter den Arm und gehe mit ihr auf die Menschen zu. Es geht dann schon. Es wird schon richtig.

Weggefährten

In meinem Alter gehe ich nicht mehr allein im Gebirge wandern. Das ist mir zu gefährlich. Ich könnte mich unterwegs verletzen, ich könnte mich so verausgaben, dass ich nicht mehr weiterkann. Oder ich könnte mich verlaufen. Da ist es gut, Gefährten zu haben. Bevor ich in die Berge aufbreche, überlege ich mir daher, mit wem ich meinen Weg gehen möchte. Das gilt nicht nur für die Wanderung, sondern auch für jeden Lebensweg. Wer könnte mich auf dem Weg begleiten? Ich werde mir Menschen aussuchen, mit denen ich sozusagen auf gleicher Wellenlänge bin, mit denen ich mich gut unterhalten kann. Ich werde mich dann auch fragen: Wer könnte mir eine Hilfe sein, den richtigen Weg zu finden? Wer könnte mich auf dem Weg ermutigen, mich stärken und stützen? Und wer würde mich davor schützen, den falschen Weg einzuschlagen? Ich brauche Weggefährten. Sie geben mir unterwegs Sicherheit, dass ich mich nicht verlaufe. Sie nehmen mir die Angst, dass mir auf dem Weg die Kraft ausgehen oder dass ich einen Unfall haben könnte. Ich werde immer jemanden bei mir haben, der dann Hilfe rufen könnte.

Natürlich muss jeder seinen Lebensweg letztlich alleine gehen. Auch in Gemeinschaft setze ich allein meine Schritte. Aber ich weiß, dass andere neben mir wandern, die mich stützen, wenn ich nicht mehr kann.

Auf dem Lebensweg sollte man sich immer wieder aufs Neue fragen, mit wem man seinen Weg weitergehen möchte. Ich habe mich vor vielen Jahrzehnten dazu entschieden, mit meinen Mitbrüdern im Kloster meinen spirituellen Weg zu gehen. Und ich vertraue darauf, dass mich die Gemeinschaft lebendig hält. Bei den Wanderungen im Gebirge ziehe ich mit meinen Geschwistern los: mit meinem älteren Bruder Konrad und seiner Frau Agnes, mit meinem jüngeren Bruder Michael und seiner Frau Gabi und mit meiner jüngsten Schwester Elisabeth. Manchmal geht auch Donata, die Tochter meiner jüngsten Schwester, mit ihrem Freund Christoph mit. Den jungen Leuten macht es Spaß, mit uns zu wandern. So ergibt sich eine schöne Gemeinschaft.

Gemeinschaft schafft Vertrauen und Sicherheit. Hier können wir so sein, wie es unserem inneren Wesen entspricht. Wir müssen uns nicht verbiegen.

Aber Gefährten sind mehr. Ein Gefährte geht mit mir, er macht mit mir die gleiche Erfahrung. Wir gehen gemeinsam auf Fahrt, um uns selbst zu erfahren und um uns gegenseitig zu stützen.

Auf unseren Wanderungen spüre ich die Gemeinschaft mit meinen Geschwistern in besonderer Weise. Es ist gut, sich von seiner Familie getragen zu wissen. Da darf jeder sein, wie er ist. Jeder wird mit seinen Stärken und Schwächen angenommen. Wir müssen uns gegenseitig nichts beweisen, nichts vormachen. Und wir können unterwegs immer wieder einmal mit dem einen oder anderen allein sprechen.

Beim Wandern kann man sich gut unterhalten. Da geht es nicht um Oberflächliches. Man kommt schnell auf das Wesentliche, auf das, was jeden im Innern beschäftigt. Es tut gut, dem anderen zuzuhören und ihn zu ermutigen. Aber genauso schön ist es auch, dass einer mir zuhört, dass ich von mir erzählen kann und nicht immer nur geben muss.

Das gemeinsame Unterwegssein schenkt Geborgenheit und Gemeinschaft. Wir spüren, dass beides uns trägt, und sind dankbar, dass wir als Geschwister gemeinsam wandern können. Während des Jahres sehen wir uns wenig. Da hat jeder für sich zu tun. Doch im Urlaub freuen wir uns aneinander. Wir spüren den Segen einer Familie, die zusammenhält, in der einer den anderen stützt. Da geht es nicht um Rivalität, sondern um gegenseitiges Unterstützen und Verstehen.

In der Begleitung anderer erlebe ich viele Menschen, die keine Familie mehr haben. Die Eltern sind beispielsweise gestorben, einige haben auch keine Geschwister. Jetzt fühlen sie sich allein. Andere Verwandte gibt es zwar, aber diese wohnen so weit entfernt, dass man nichts miteinander zu tun hat. Manchmal haben sich die Geschwister auch zerstritten. Nach dem Tod der Eltern gerieten sie wegen der Erbschaft aneinander. Jetzt will der eine vom anderen nichts mehr wissen. Jeglicher Kontakt wurde abgebrochen. Versöhnung ist nicht möglich. Wenn einer den Weg der Versöhnung gehen möchte, wird er von den anderen abgeblockt. Das tut weh. Umso dankbarer bin ich zu erleben, dass unsere Familie zusammenhält, dass die Geschwister gerne miteinander wandern und auch miteinander feiern können.

KAPITEL 2

Auf gehts!

Aufbrechen

Das Wort „aufbrechen“ meint ursprünglich: ein Lager auflösen, in dem man sich eingerichtet hat. Wer aufbrechen will, muss also sozusagen seine Zelte abbrechen und sich (wieder) auf den Weg machen. Um aufbrechen zu können, muss ich manchmal auch die Fesseln zerbrechen, die mich gefangen halten. Eine solche Fessel kann meine innere Stimme sein, die mir sagt: „Heute kann ich nicht, heute mag ich nicht, heute geht es mir nicht gut.“ Solche Ausreden muss ich zur Seite schieben, um aufbrechen zu können. Im Deutschen hat das Wort „aufbrechen“ zwei Bedeutungen, man kann es transitiv und intransitiv gebrauchen: Einerseits brechen wir auf, um einen Weg zu gehen. Andererseits werden wir auch selbst in übertragener Form „aufgebrochen“ durch die Erfahrungen, die wir unterwegs machen. Es entsteht etwas Neues, dadurch dass wir uns dem Weg aussetzen, unterwegs neue Menschen kennenlernen, unbekannte Landschaften, Orte und Wege entdecken. Wir werden so aufgebrochen für unser wahres Selbst, auch für neue Erfahrungen, die wir dann machen können. Wenn wir den Aufbruch wagen, dann setzt das neue Kräfte in uns frei.

Wenn wir zum Wandern aufbrechen, ist es wichtig, dass wir uns vorher auf eine gemeinsame Uhrzeit einigen, zu der wir losgehen wollen. Wir brauchen eine Verabredung, die uns bindet. Sonst verschieben wir leicht den Aufbruch immer weiter nach hinten und letztlich auf den Sankt-Nimmerleins-Tag. Ohne diese klare Verabredung werden vielleicht in uns Gedanken auftauchen wie: „Heute ist es mir zu kalt oder zu heiß, zu regnerisch" oder „Morgen könnten die Bedingungen besser sein, ideal ist es heute sicherlich nicht". Die vereinbarte Uhrzeit ist für unser Miteinander eine Hilfe. Wir wissen, wann wir fertig sein müssen mit Umziehen und Anziehen. Wenn wir zu lange aufeinander warten müssen, wächst der Unmut. Das tut dem Miteinander nicht gut. Sich auf die anderen verlassen zu können, das ist ein wichtiger Schritt, damit die Wanderung gelingen kann.

Zum Aufbrechen gehört zudem, dass man erst einmal langsam anfängt. Viele möchten am Anfang ihre Kraft austesten, laufen schnellen Schrittes los, werden dann aber bald müde. Ich kann einen Berg nur besteigen, wenn ich einem festen Rhythmus folge. Und dieser Rhythmus braucht eine gewisse Langsamkeit. Das Schritt-für-Schritt-Gehen. Denn wenn man nach einer Viertelstunde bereits heftig schwitzt, aus der Puste kommt und gleich die erste Pause braucht, wird die Wanderung nicht gelingen. Jeder muss jedoch seinen eigenen Rhythmus finden. Es ist normal, dass die einen etwas schneller gehen als die anderen. Aber es braucht auch immer wieder das Innehalten, das Warten aufeinander, damit alle nachkommen können.

Wenn man seinen eigenen Rhythmus sucht, sollte man sich ein Tempo vornehmen, das man etwa eine Stunde gut durchhalten kann. Im Alter kann man diese erste Zeit auch etwas abkürzen, auf etwa 40 bis 50 Minuten. Aber man sollte sich innerlich eine feste Zeit setzen, in der man keine Pausen macht. Dann wird man nicht schon bei den ersten Schwierigkeiten haltmachen. Wer immer wieder stehen bleibt, wird schnell müde. Es ist gut, die Zeit, die man sich selbst vorgenommen hat, einfach durchzugehen. Das hilft, die ersten Widerstände zu überwinden.

Wandern bedarf der Disziplin. Wir können die Erfahrungen, die wir dabei machen, auf unser gesamtes Leben übertragen. Es ist entscheidend, dass ich mein Leben in die Hand nehme. Ich bestimme von meinem Willen her, was ich tue, anstatt jeder Laune nachzugeben. Auf dem Bergpfad bergauf ebenso wie in den Tälern des Lebens.

Disziplin ist nichts Hartes. Vielmehr ist es eine Selbstüberwindung, die uns guttut. Ich bin stolz, wenn ich eine Strecke in der Zeit, die ich mir gesetzt habe, gut schaffe. Natürlich werde ich beim Aufstieg immer wieder einmal denken: Warum tue ich mir das bloß an? Schon wieder diese Anstrengung, dieses Schwitzen! Dann ist es wichtig, diese Gedanken zu überwinden und einfach weiterzugehen. Wenn ich in diesem Moment zu stark innerlich mit mir selbst diskutiere, komme ich nicht weiter. Wenn wir hingegen die inneren Widerstände überwinden, dann fällt es uns leichter weiterzugehen.

Das Aufbrechen und der Beginn der Wanderung ist für mich ein sprechendes Bild für unseren Alltag: Ich kann nicht nur nach Lust und Laune arbeiten, durchs Leben gehen. Es gibt auf meinem inneren und äußeren Weg eben auch Widerstände, gegen die ich angehen, die ich überwinden muss. Wenn ich bei jedem Widerstand meinen inneren Entwicklungsweg aufgebe, werde ich nie weiterkommen. Es braucht klare Ziele, die ich mir setzen muss. Und es braucht die Bereitschaft, den „inneren Schweinehund“ zu bekämpfen. Es gehört zum Leben dazu, dass wir in solchen Momenten einfach weitergehen und nicht bei jedem kleinen Hindernis oder bei jeder kleinen Unlust stehen bleiben oder gar umkehren wollen. Jeder kennt solche inneren Widerstände: Bei einer mühsamen Arbeit verliere ich schnell die Lust daran. Andere fragen mich, warum ich mir das überhaupt antue. Und ich frage mich das dann auch selbst.

Auf dem Weg in den Bergen erlebe ich immer wieder, dass es am Anfang sehr steil bergauf geht und der Weg dabei vielleicht sogar für längere Zeit in der prallen Sonne verläuft. Und so beginne ich schon gleich am Anfang zu schwitzen. Vielleicht habe ich dann das Gefühl, dass das kein guter Weg ist, dass ich doch den falschen ausgewählt habe. Es braucht die Bereitschaft, sich dann durchzubeißen. Das bedeutet nicht, dass man nur auf das Ziel fixiert ist. Es kann durchaus sein, dass uns irgendwann klar wird, dass der Weg insgesamt tatsächlich zu weit ist oder wir uns von unseren Fähigkeiten her übernommen haben. Dass wir nicht die richtige Ausrüstung dabeihaben oder uns das Wasser in der mitgeführten Feldflasche frühzeitig ausgeht und wir umkehren müssen. Aber darüber kann man nicht gleich am Anfang diskutieren. Zuerst muss man eine Zeit lang miteinander gehen, um dann zu überlegen, wie es weitergehen soll.

Wer zu schnell aufgibt, der kommt nicht weiter auf seinem inneren, seinem beruflichen, seinem privaten Weg. Es wird immer Durststrecken geben, die wir einfach durchstehen müssen. Da gilt einfach: Schritt für Schritt setzen und nicht ständig an das Ende denken.

Dazu noch ein Beispiel: Eine Frau, die zu mir kam, um mich um Rat zu bitten, hatte eine neue Arbeitsstelle angenommen. Aber schon nach zwei Wochen plagten sie ungute Gefühle. Sie dachte: Die Arbeit überfordert mich. Die Kollegen sind mir fremd. Ich fühle mich nicht wohl. Auch in solchen Zeiten ist es wichtig, sich erst einmal ein Ziel zu setzen, eine Weile durchzuhalten, sich zum Beispiel zu sagen: Zwei Monate kämpfe ich mich durch. Auch wenn vieles ungewohnt ist, ich lasse mich auf die Arbeit ein. Ich lerne die Mitarbeiter kennen. Ich gehe den Weg auf jeden Fall für die Zeit, die ich mir als inneres Ziel gesetzt habe. Wenn es dann immer noch zu beschwerlich ist, habe ich die Freiheit, mir entweder eine andere Arbeit zu suchen oder meine Einstellung zu dieser Arbeit zu ändern. Wer jedoch zu oft und zu schnell die Arbeitsstelle wechselt, verliert allmählich jegliches Selbstvertrauen. Er hat das Gefühl, dass keine Arbeit für ihn geeignet ist. Jeder Weg – auch beim Arbeiten – hat seine Durststrecken. Ich kann nicht immer gleich meinen Durst stillen. Manchmal muss ich solche Durststrecken einfach aushalten.

Innehalten

Bevor wir eine richtige Pause machen und dabei auch etwas essen, nehme ich mir bei einer Wanderung immer die Zeit für ein erstes Innehalten auf dem Weg, wenn wir eine Weile gegangen sind. Ich trinke aus der Wasserflasche, ich überlege, ob ich meinen Anorak ausziehen und in den Rucksack stopfen soll. Damit rüste ich mich für die nächste Etappe. Aber zunächst genieße ich das Innehalten. Ich schaue auf den Weg und in die Umgebung. Was kann ich alles entdecken? Wie ist die Aussicht? Ich genieße die Schönheit der Natur und lasse alles auf mich wirken. Ich bin ganz im Schauen. Wenn ich auf halbem Weg in die Umgebung schaue, wächst in mir die Spannung, wie wohl der Blick von oben sein wird.

In solchen Momenten schaue ich auch zurück: Was habe ich schon geschafft? Ich bin dankbar, dass ich schon so weit gekommen bin. Und ich nehme meine Wandergenossen wahr. Oft ermutigen wir uns dann gegenseitig. Oder wir bestätigen einander, wie schön der Weg ist, vor allem, wenn er sich als schmaler Pfad durch den Wald schlängelt. Dann haben wir das Gefühl: Das ist ein guter Weg. Er schützt uns vor der Hitze der Sonne. Und er bietet uns immer wieder eine schöne Aussicht. Meine Schwägerin Gabi erklärt uns oft bei einem solchen

Innehalten, was sie als Geografin wahrnimmt: wie dieses Tal vor Jahrtausenden entstanden ist, die Felsstruktur, die Beschaffenheit einzelner Steine am Wegrand. So nehmen wir nicht nur die Schönheit wahr, sondern auch das Geheimnis der Landschaft und ihre Entstehungsgeschichte.

Das Innehalten bedeutet für mich aber noch etwas anderes. Ich mache halt, um nach innen zu gehen und im Inneren Halt zu finden. Von diesem inneren Halt aus kann ich dann wieder nach außen gehen. Das Innehalten führt dabei letztlich auch zu einem neuen Verhalten, einer Haltung, die mir hilft, das Leben zu bewältigen, so wie es sich mir darbietet. Solche Momente des Einsseins mit mir verleihen mir neue Kraft.

Innehalten bedeutet zudem, dass ich ganz bei mir bin: Ich bleibe stehen, werde still, mache halt. So komme ich mit mir selbst in Berührung. Ich komme zu mir und nehme wahr, was sich mir von außen darbietet. Wenn ich ganz bei mir bin, werde ich offen für das, was ich sehe. Ich schaue die Landschaft an. Ich bestaune die Natur. Ich nehme wahr, wie mein Weg bisher war. Und ich vergewissere mich, wo ich gerade stehe.

Solche Situationen des Innehaltens brauchen wir auch in unserem Leben.

Viele hetzen von einem Termin zum anderen. Sie sind scheinbar ständig auf der Flucht vor sich selbst und fühlen sich von außen angetrieben. Sie werden haltlos und verlieren die Beziehung zu sich selbst, werden sich selbst entfremdet. Sie spüren gar nicht mehr, wer sie eigentlich sind.

Heute sind wir nicht nur in der Gefahr, von einem Termin zum anderen zu hetzen, sondern auch ständig vernetzt und erreichbar, um möglichst viel Information zu erhalten, privater oder beruflicher Natur. Auch ein Zuviel an Information macht uns unfähig, ganz im Augenblick zu sein.

Innehalten heißt, einfach haltzumachen, die Gedanken zu stoppen. Indem ich dies tue, spüre ich in meinem tiefsten Innern, wer ich bin. Diese Identität gibt mir Halt. Von diesem inneren Halt aus kann ich dann das Leben selbst in die Hand nehmen und es so gestalten, wie es meinem inneren Wesen entspricht.

Das Innehalten ist aber auch ein Überprüfen: Welchen Weg habe ich schon zurückgelegt? Ist es der richtige, der mich auch weiterführt? Oder muss ich mich neu orientieren? Zudem ist es eine gute Gelegenheit, Luft zu holen, wieder zu Atem zu kommen, sich eine Pause zu gönnen. Wenn ich innehalte, bekomme ich wieder neue Lust weiterzugehen. In mir tauchen vielleicht sogar neue Ideen auf, die meinen Weg lebendiger werden lassen.

Das Innehalten lädt dazu ein, die Schönheit zu genießen, die sich mir darbietet, die sich in den Kleinigkeiten am Wegesrand zeigt: die leuchtenden Tautropfen auf den Gräsern, das satte Grün der Wiesen, die feine Gliederung des Tannenzapfens, die Rauheit der Baumrinde. Wenn ich nur auf das Ziel zurase oder den Blick immer nur nach unten gerichtet halte, auf die Steine, die mir im Weg liegen und die manchmal zu Stolpersteinen werden – übersehe ich vieles, was sich zu entdecken lohnt. Innehalten meint, dass ich meinen Kopf hebe, mich aufrichte und mich aufrecht in die schöne Natur stelle. Dann kann ich aufatmen und meine innere Freiheit genießen.

Das Ziel in den Blick nehmen

Wenn wir nach einer kleinen Pause dann wieder losgehen, ist es wichtig, das Ziel noch einmal neu in den Blick zu nehmen. Ohne festes Ziel zu wandern, erzeugt in uns keine Energie. Erst wenn wir ein Ziel haben, stellt uns unsere Seele genügend Kraft zur Verfügung, es zu erreichen – vorausgesetzt, wir haben es *so* gewählt, dass es unseren Kräften entspricht.

Das Wort „Ziel" meint ursprünglich das, worauf ein Speer gerichtet ist, ehe er geschleudert wird. Ich kann den Speer nicht einfach so werfen. Wenn ich möglichst weit kommen möchte, brauche ich ein Ziel, eine klare Richtung, in die ich werfe. Der Speerwerfer setzt sich ein Ziel, damit er mit all seiner Kraft möglichst weit zu werfen vermag.

Das Bild des Speerwerfers zeigt, dass auch wir nur genügend Kraft in uns aktivieren können, wenn wir uns ein Ziel setzen. Das darf jedoch nicht utopisch sein. Auch der Speerwerfer versucht, sich selbst realistisch einzuschätzen Wie weit kann er werfen? Wie viel Kraft muss er aufwenden, damit er trifft – und wann muss er sich vielleicht auch selbst zurücknehmen, damit der Speer nicht über das Ziel hinausschießt? Er weiß auch: Er kann nicht jeden anderen, der mit ihm im Wettbewerb steht, übertreffen. Dennoch setzt er sich immer wieder ein neues, höheres Ziel als bisher. Er versucht weiter zu werfen, als er es bisher geschafft hat. Und indem er das scheinbar Unmögliche versucht, erreicht er das Mögliche. Das hält ihn in einer gesunden Spannung.

Auch im Leben ist es wichtig, sich immer wieder neue Ziele zu setzen, zu versuchen, die eigenen Grenzen auszuloten. Zu überlegen, wohin ich mich entwickeln möchte. Allerdings ist es nicht sinnvoll, sich das sozusagen einfach aus dem Nichts zu greifen. Es machte beispielsweise keinen Sinn, wenn ich mir als Ziel setzen würde, Konzertpianist zu werden. Dazu würde mir das Talent fehlen. Daher ist es wichtig, in mich hineinzuhorchen und zu erkennen, was meinem Wesen entspricht, wo meine wahren Begabungen und meine verborgenen Talente liegen. Ich sollte mir das Ziel so setzen, dass ich nach und nach zu dem einmaligen Menschen werde, zu dem mich Gott geschaffen hat.

Wenn ich mir zu hohe Ziele setze, werde ich abstürzen. So ist es Ikarus widerfahren, dem Sohn des Dädalus, in der griechischen Sage, der so fasziniert war vom Fliegen, dass er immer höher hinaus wollte. Doch dann kam er der Sonne zu nahe und stürzte jäh ab.

Mein Ziel muss daher immer angemessen sein. Wenn es zu hoch gesteckt ist, denke ich: Das zu erreichen wäre schön, aber das schaffe ich niemals. Und dann verlässt mich vielleicht schon der Mut, ehe ich losgegangen bin. Wenn das Ziel zu niedrig gesteckt ist, werde ich es zu schnell erreichen. Dann werde ich mich unterfordert fühlen oder aber glauben, dass ich alles erreichen kann, was ich mir wünsche, und dann bei der nächsten Schwierigkeit scheitern.

Es darf auch Ziele geben, die uns zum Träumen bringen. Kolumbus hatte sich beispielsweise zum Ziel gesetzt, über das Meer nach Indien zu fahren. Es war ein Traum, der erst einmal total unrealistisch zu sein schien. Aber dieser Traum hat ihn weit gebracht. So stehen wir immer in einer Spannung: Auf der einen Seite sollten wir nicht zu hoch hinaus wollen und keine Ziele wählen, die wir niemals erreichen können. Auf der anderen Seite sollten wir nicht zu klein von uns denken und uns auch gönnen, einfach einmal von dem zu träumen, was wir gerne schaffen möchten. Allerdings geht es dann darum, den Traum mit der Realität in Verbindung zu bringen. Wir können nicht jeden Traum verwirklichen. Aber wenn wir keine Träume mehr hätten, gäbe es in der Welt nichts Neues mehr, würde alles beim Alten bleiben, müssten wir uns auch mit allen Schwierigkeiten und Unzulänglichkeiten der Welt abfinden.

Manche setzen sich zum Beispiel schon als Jugendliche das Ziel, Profifußballer zu werden. Und manche erreichen es auch. Ihr Traum hat sie motiviert, hart zu trainieren und ihren Fähigkeiten zu trauen. Andere müssen auf diesem Weg erkennen, dass sie es nie in die Bundesliga schaffen werden, vielleicht noch nicht einmal in die Regionalliga. Dann ist es wichtig, sich mit kleineren Zielen zu begnügen. Oder sich Etappenziele zu setzen: Ich schaue dann nur auf das Ziel, das ich jetzt erreichen kann. Wenn ich stattdessen sofort auf das Ende, auf den „Gipfel" schaue, habe ich das Gefühl, dass ich es niemals schaffen werde. Wenn ich mir aber Etappen vornehme, dann habe ich die Kraft, bis zum nächsten Zwischenziel zu gehen. Dort halte ich inne und überlege, ob ich mir ein nächstes Etappenziel vornehmen kann, das mich dann vielleicht noch etwas weiterführt.

So kann ich mir die Wanderung, auch meine Lebenswanderung, in Abschnitte einteilen, die ich auf jeden Fall schaffe. Und beim Erreichen jedes Abschnitts darf ich stolz sein, dass ich das geschafft habe. Dieser Stolz motiviert mich auch, mir wieder und wieder ein neues Etappenziel vorzunehmen.

Es gibt junge Menschen, die sich als Ziel gesetzt haben, Chef einer großen Firma zu werden. Und sie erreichen das auch. Andere haben immer nur den nächsten Schritt im Blick und kommen so Stück für Stück weiter. Sie setzen sich beruflich und persönlich Etappenziele, und wenn sie eines erreicht haben, überlegen sie neu, wie es weitergehen soll. Manch einer schafft es auf diese Weise auch an die Spitze eines Unternehmens, obwohl er es sich gar nicht zum Ziel gesetzt hatte. Und wieder andere wollen möglichst schnell alles Mögliche erreichen – und scheitern schon auf den ersten Metern, weil sie wichtige Dinge übersehen oder ihnen schlicht Erfahrung und Talent fehlt.

Ganz gleich, wie wir mit unseren Zielen und Etappenzielen umgehen, wir müssen uns jedenfalls damit auseinandersetzen. Ohne Ziele laufen wir tatsächlich ziellos in der Gegend herum und kommen nie richtig weiter. Unsere Ziele sollen wir aber auch immer wieder mit unserer Realität in Verbindung bringen. Was bedeutet, dass wir uns manchmal auch eingestehen müssen, dass wir nicht alle erreichen können.

Wie es auch kommt: Sich ein Ziel zu setzen, entfaltet immer eine gute Wirkung: Es hat uns zumindest auf den Weg gebracht. Und wir sind doch eine große Strecke gewandert. Ohne Ziel wären wir überhaupt nicht losgegangen.

Schritt für Schritt

Eine Erfahrung, die wir beim Bergwandern immer wieder machen, ist die der verschlungenen Wege. Meistens steigt der Pfad zu Beginn in Serpentinen an. Wir denken dann: Hinter der nächsten Kurve können wir vermutlich schon den Gipfel sehen. Doch der Weg zieht sich in die Länge. Wir erblicken noch lange nicht das Ziel, sondern immer nur die nächste Wegbiegung vor uns. Das scheint endlos so weiterzugehen. Wenn wir uns in dieser Situation zu sehr auf die Strecke fixieren, sind wir schnell enttäuscht. Mir hilft es dann, mir ein Zeitlimit zu setzen: Eine Stunde laufe ich nach der ersten Pause auf jeden Fall weiter. Dann werde ich sehen, wo ich stehe.

Wenn ich mir ständig Gedanken mache, dass ich jetzt doch endlich am Ziel sein müsste, werde ich entmutigt. Ich bin, um das schon beschriebene Bild nochmals aufzurufen, wieder „außen" unterwegs, statt mit mir selbst in Berührung zu sein. Der Weg wird mich nicht verwandeln, sondern mir nur zur Last werden, die ich bewältigen muss. Doch wenn ich Schritt für Schritt weitergehe, ohne ständig an das Ziel zu denken, übe ich mit diesem Weitergehen eine wichtige innere Haltung ein.

Auch im Leben braucht es das ständige Schritt-für-Schritt-Gehen. Ich laufe einfach in meinem Tempo weiter. Ich achte nicht darauf, wie weit ich schon gekommen bin. Dann bin ich ganz im Gehen. Und je länger ich gehe, desto freier werde ich von mir selbst, desto leiser wird mein Ego sich zu Wort melden. Das Gehen ist auch ein Sich-frei-Gehen vom eigenen Ego. Ich werde durchlässig für den großen Weg.

Der Weg ist ein Bild für unser Leben. Die Chinesen sprechen vom Tao, vom inneren Weg. Wir sind immer unterwegs. Und wer wandert, wandelt sich. Im Gehen kann ich mich freilaufen von den Sorgen und grüblerischen Gedanken. Sören Kierkegaard sagte einmal: „Ich kenne keinen Kummer, von dem ich mich nicht freigehen kann." Wenn ich mich ganz dem Gehen überlasse, dann werde ich frei von Kummer und Sorgen, vom Fixiertsein auf das Ziel. Ich gehe einfach voran, und indem ich dies tue, wandelt sich in mir etwas. Ich werde frei und gelassen – ich überlasse mich dem inneren Weg. Auf diese Weise gehe ich ganz und gar in die einmalige Gestalt hinein, die ich von Gott her bin. Ich überlasse mich dem Wandlungsweg.

Das Wort „wandern" hängt mit „wandeln" zusammen. Beide stammen aus der Wurzel „wenden". Wandern heißt: sich wiederholt wenden. Indem ich wandere, wandelt sich etwas in mir. Das Ziel der Verwandlung ist, dass ich mehr und mehr in meine einmalige und einzigartige Gestalt komme. Im Wandern gehe ich mich frei von allen Bildern, die mein wahres Selbst trüben und verdunkeln. Und ich wandere hinein in das einmalige Bild, das Gott sich von mir gemacht hat, in mein wahres Wesen, in mein Selbst.

Mein Leben ist ein ständiger Wandlungsweg. Ich spüre, dass ich immer weitergehen muss, dass ich nicht längere Zeit stehen bleiben darf. Damit das Leben lebendig bleibt, muss es sich wandeln. Deshalb wandere ich immer weiter, ohne ständig auf das Ziel zu schauen.

Michael Ende hat dieses Schritt-für-Schritt meisterhaft in einer Szene dargestellt, die in seinem Weltbestseller *Momo* zu finden ist: Der Straßenkehrer Beppo schaut nicht auf die lange Straße, die er zu kehren hat, sondern immer nur auf das kleine Stück, das er gerade vor sich hat, das vor seinen Füßen liegt. Und auf einmal hat er es tatsächlich geschafft, die ganze Straße zu kehren.

Viele Menschen haben den Eindruck, dass sie nicht weiterkommen. Sie sind ungeduldig. Da hilft diese Methode, einen Fuß vor den anderen zu setzen, immer nur das zu tun, was gerade vor den eigenen Füßen liegt. Das gilt auch für die Arbeit an sich selbst. Viele denken: Ich habe mich so sehr angestrengt, doch ich bin nicht wirklich weitergekommen. Da braucht es die Geduld, einfach nur auf den nächsten Schritt zu sehen. Mir hilft es wenigstens, in aller Ruhe weiterzukommen, anstatt die lange Strecke vor mir zu sehen und mir damit alle Motivation zu rauben, weiter auf dem Weg zu bleiben.

Die Mönche kennen diese Demotivation schon sehr lange, die eine zu große Arbeit, ein zu langer Weg mit sich bringt. Eine Geschichte der Wüstenväter, der frühchristlichen Mönche, die sich im 3. Jahrhundert in die Einsamkeit zurückzogen, erzählt davon: Der Vater schickt seinen Sohn auf das Feld und sagt ihm, er solle es von Dornen und Disteln befreien. Als der Sohn zum Feld kommt und sieht, wie groß es ist, legt er sich erst einmal hin, um zu schlafen. Denn die Menge an Arbeit, die er vor sich sieht, raubt ihm alle Energie. Da macht ihm der Vater einen Vorschlag: Er solle jeden Tag nur so viel Feldfläche säubern, wie sein Körper bedeckt, wenn er sich der Länge nach darauflegt. Das ist ein relativ kleines Feld, das er dann jeden Tag zu säubern hat. Dennoch schafft er es: Nach zwei Wochen hat er das ganze Feld von Dornen und Disteln befreit.

Solche Bilder brauchen wir beim Wandern, bei der Arbeit an uns selbst und bei dem, was uns im Alltag erwartet: beim Hausputz, beim Aufräumen unseres Schreibtisches oder beim Durcharbeiten der Akten, die sich vor uns auftürmen.

Pause – Brotzeit – Rast

Beim Wandern freuen wir uns immer schon auf die Mittagspause, in der wir gemütlich Brotzeit machen. Ich bin meistens dafür zuständig, einen schönen Platz auszusuchen, von dem wir eine gute Aussicht haben. Manchmal ist es eine Bank, manchmal sind es Felsen, die einladen, sich hier auszubreiten. Dann packen wir unsere Sitzkissen aus und machen es uns gemütlich. Wir haben uns angestrengt, etwas geleistet und nun das Gefühl, dass wir uns eine Pause verdient haben. Jetzt können wir die Semmel genießen, die wir uns nach dem Frühstück für die Brotzeit geschmiert haben. Und wir genießen auch das kalte Wasser, das unseren Durst löscht. Jeder hat sich nach dem Frühstück Proviant vorbereitet, den er für die Wanderung braucht. Er hat überlegt, was ihm auf seinem Weg wieder neue Kraft geben und worauf er Lust haben wird. Meine Schwester packt dabei eigentlich immer ein paar Müsli- und einen Schokoriegel ein, als Belohnung für den Weg, den wir geschafft haben.

Auch das ist ein Bild für unser Leben: Bevor wir losgehen, sollten wir überlegen, was wir auf dem Weg an Proviant brauchen, was uns stärkt, was unseren Durst stillt, was uns wieder aufrichtet, wenn wir erschöpft sind. Etwas, worauf wir uns freuen. Wir brauchen auch im

Alltag etwas, das wir uns gönnen können, damit wir den Weg nicht nur schaffen, sondern auch genießen können.

Wenn wir uns niedergelassen haben und damit beginnen, unser Brot oder unsere Semmel zu essen, unterhalten wir uns – über den Weg, über die Landschaft, aber auch über Themen, die uns gerade beschäftigen. Anschließend haben wir meist das Bedürfnis, uns noch eine Weile länger auszuruhen. Wir setzen uns in die Sonne und schauen in die Landschaft, freuen uns an der Schönheit der Berge und der Weite des Tals, in das wir hinabblicken. Und wir genießen die Sonne, die uns anstrahlt.

Manchmal machen wir dann einen kleinen Mittagsschlaf. Wir legen uns auf unsere Anoraks und dösen vor uns hin. Es ist schön, die Stille hier oben zu spüren. Und es tut gut, sich eine Pause zu gönnen, nicht gleich wieder weiterwandern zu müssen.

Eine Pause einzulegen, das tut auch im Alltag gut. Dieser Ansicht ist man sogar in der Hirnforschung: Man hat schon lange festgestellt, dass wir nicht immerzu arbeiten können. Wir brauchen eine Pause, damit sich das Gehirn regenerieren kann. Die Pause ist etwas Schöpferisches. Und es tut gut, sie sich zu gönnen. In dieser Zeit denke ich nicht schon an die nächste Wegstrecke, die mich erwartet. Ich genieße es, einfach auszuruhen, nichts tun zu müssen. Ich überlasse mich der Ruhe.

Schon die Griechen haben das Lob der Pause gesungen. Das griechische Wort *anapauo* meint auch: aufatmen, sich frei fühlen. In der Pause bin ich frei für neue Ideen. Ich denke nicht angestrengt nach, vielmehr kommt mir vieles Neue von allein in den Sinn.

Ich mache das beim Schreiben ähnlich: Da unterbreche ich das Arbeiten immer wieder für eine kurze Pause: Ich lege mich für ein paar Minuten aufs Bett. Diese Pause befruchtet mein Schreiben. Ich bekomme neue Ideen, spontan entstehen neue Pläne in meinem Kopf. Sie tauchen von allein auf. Oft atmen sie Leichtigkeit, vielleicht auch, weil sie nicht am Schreibtisch entstanden sind.

So lädt uns die Pause beim Wandern ein, uns auch im Alltag öfter mal eine Pause zu gönnen, damit unser Leben etwas von der Leichtigkeit der Unterbrechung atmen kann.

Wir sprechen nicht nur von der Pause, sondern auch von der Rast. Das meint ein Ruhen, ein Ausruhen. In der Rast kommen wir zur Ruhe, können wir sie genießen. Manchmal lädt mich eine Kapelle am Wegesrand zu einer Rast ein.

Wenn ich bei meiner Schwester Linda in Murnau Urlaub mache, gehe ich mit ihr gerne zu einer Kapelle über dem Riegsee. Sie liegt auf einem kleinen Hügel, die Bilder dieses Buches sind dort oben entstanden.

Die Kapelle wirkt unscheinbar, ein einfacher Steinbau mit einem kleinen, hölzernen Glockenstuhl. Die Kapelle wurde an einem alten Kraftort gebaut. Früher gab es hier einmal ein Heiligtum zu Ehren der Ostara, der germanischen Frühlingsgöttin. Die Kirche hat den Namen dieser Göttin für ihr Frühlingsfest genutzt: Ostern, das Fest der Auferstehung, an dem das neue Leben Gottes in Jesus aufblüht und alles verwandelt. Vor dieser Kapelle ist eine kleine Bank. Hierher setzen wir uns dann und schweigen miteinander. Ich schaue einfach in die Landschaft. Vor mir liegt der Riegsee, daneben frische Wiesen, durch die der Wind mit leichten Wellen streicht. Dahinter sehe ich den Gebirgskamm mit dem Herzogstand, dem Heimgarten und weiter rechts das Ettaler Mandl. Die Landschaft ist voller Ruhe und Schönheit. Hier spüre ich, wie gut mir der Blick in die Landschaft tut, wie heilsam er für meine Seele ist. Ich schaue einfach und nehme mir viel Zeit dafür. Ich lasse die Landschaft auf mich wirken. Es ist mir nicht wichtig, wie die Orte oder die Berge heißen. Ich schaue einfach. Ich sehe zwischen den Wiesen und Feldern immer wieder Kirchtürme, die auf kleine

Ortschaften verweisen. Gerade die oberbayrischen Kirchtürme – Zwiebeltürme genannt – passen in die Berglandschaft. Sie geben ihr etwas Liebliches und Zärtliches. Wenn ich mir vor der Kapelle Zeit lasse für eine Rast, gehe ich, wenn ich später von dort aus wieder aufbreche, verwandelt weiter. Und wenn meine Schwester dabei ist, gehen wir beide berührt vom Geheimnis dieses Ortes wieder zurück.

Wenn ich an die Rast denke, so fällt mir das Sprichwort ein: „Wer rastet, der rostet“. Wer zu lange rastet, der verliert die Spannkraft. Das Bild „Rost“ steht für einen Stillstand, der Spuren hinterlässt. Wenn etwas länger Wind und Wetter ausgesetzt ist und nicht bewegt wird, rostet es – Räder rosten fest.

Wenn wir eigentlich weiter wollen und zu lange rasten, dann erleben wir manchmal, dass die Pause unsere Kräfte nicht gestärkt, sondern eher vermindert hat. Wir haben keine Lust mehr weiterzugehen. Wir merken, wie anstrengend es ist, die müden Glieder zu erheben und sich wieder auf den Weg zu machen. Es bedarf dann eines inneren Ansporns, wieder aufzustehen und die Mühen des Unterwegsseins auf sich zu nehmen.

So braucht es auch in unserem Leben eine gute Balance zwischen Rasten und Wandern, Ruhe und Arbeit. Es ist letztlich der Rhythmus, den unser Ordensgründer Benedikt von Nursia seinen Mönchen vorgeschrieben hat: *ora et labora*, der Rhythmus von Gebet und Arbeit. Wer nur betet, der kreist zu sehr um sich selbst. Wer nur arbeitet, der beutet sich selbst aus. Und oft genug läuft er vor sich selbst davon. Wir brauchen auch im Alltag Ruhephasen, damit wir wieder mit neuer Lust an die Arbeit gehen können.

Ich kenne Menschen, die sich keine Rast gönnen. Sie glauben, ohne sie ginge es nicht, sie würden ständig gebraucht. Sie müssten daher immer weiterarbeiten. Eine Lehrerin, der ich begegnet bin, stöhnte beispielsweise unter der Last der Arbeit in der Schule. Aber sie gönnte sich keine Pause, weil sie glaubte, die Schüler brauchten sie einfach. Sie hörte nicht auf die Signale ihres Körpers. Doch dann bekam sie einen üblen Hautausschlag. Ihr Körper signalisierte ihr, dass sie eine Pause machen musste. Zunächst versuchte sie, den Ausschlag medizinisch in den Griff zu bekommen und trotzdem weiterzuarbeiten. Doch dann erkannte sie im Gespräch mit dem Arzt, dass es keinen Sinn hatte, ihre Erschöpfung weiter zu ignorieren und die Signale des Körpers weiter zu missachten. Ihre Haut sagte ihr, dass sie sich nicht mehr darin wohl fühlte. Ihr Leib gab ihr also die

Erlaubnis, eine Rast einzulegen und eine Auszeit zu nehmen.

Wenn wir uns die Auszeit nicht bewusst nehmen, zwingt uns manchmal unser Körper dazu. Und dann dauert die Pause, die Genesung meistens länger, als wenn wir eine Rast auf unserem Weg bewusst einplanen.

Zur Quelle finden

Natürlich nehmen wir für unterwegs bei jeder Wanderung Wasser mit. Doch die eine Flasche reicht oft nicht für den ganzen Weg. Wir rechnen eigentlich immer damit, dass wir an einem Bach vorbeikommen, an dem wir die Wasserflaschen wieder auffüllen können. Noch schöner ist es, wenn wir eine klare Quelle entdecken, aus der wir direkt trinken können.

Einmal habe ich eine längere Wanderung gemacht, bei der mein Wasservorrat irgendwann erschöpft war. Ich dachte, ich würde irgendwo eine Quelle finden, doch es gab einfach nichts. Dann habe ich mich auch noch verlaufen. Ich dachte, ich schaffe den Rückweg nicht mehr. Wie froh war ich da, als ich endlich ein Haus erblickte. Und vor diesem Haus gab es einen Wasserhahn. Ich füllte meine Flasche, setzte mich erschöpft nieder und trank mindestens einen Liter Wasser, ohne abzusetzen, so durstig war ich.

Seither schaue ich mir die Gegend, durch die ich wandern möchte, genauer an. Und ich freue mich, wenn der Weg an einem Bach entlangführt. Das Rauschen und das strömende Wasser vermitteln uns Wanderern Frische und Lebendigkeit.

Wenn wir zu einer Quelle kommen, dann freuen wir uns besonders. Aus einer Quelle zu trinken, ist wunderbar. Es ist ein Symbol, dass wir im Trinken aus der Quelle mit unserer inneren Quelle in Berührung kommen. Die Quelle hat etwas Heiliges und Unberührtes an sich. In der Bibel wird Gott als die Quelle des Lebens bezeichnet. Der Evangelist Johannes spricht von der sprudelnden Quelle, deren Wasser ewiges Leben schenkt (Joh 4,14). Er verbindet die Quelle mit dem Heiligen Geist. Und führt im Folgenden aus: Wer an Jesus glaubt, aus dessen „Inneren werden Ströme von lebendigem Wasser fließen. Damit meinte er den Geist, den alle empfangen sollten, die an ihn glauben" (Joh 7,38f).

In mir ist eine Quelle des Heiligen Geistes. Wenn ich mit dieser inneren Quelle in Berührung bin, dann fühle ich mich erfrischt. Dann verliere ich die Angst, dass ich mich in meiner Arbeit erschöpfe. Ich vertraue darauf, dass die innere Quelle in mir unerschöpflich ist, weil sie göttlich ist. Wenn ich aus ihr schöpfe, dann fühle ich eine innere Frische und Kreativität. Ich spüre, dass die neuen Ideen mir einfach zufliegen.

Ich kenne Phasen, in denen ich keine Lust habe zu schreiben. In solchen Momenten habe ich das Gefühl, dass ich immer das Gleiche schreibe, dass sich nichts

Neues durch meine Hände formt. Doch wenn ich mit der inneren Quelle in Berührung bin, dann fließt es einfach. Ich habe auch den Eindruck, dass dann die Beziehung zu den anderen Menschen viel lebendiger ist. Ich stehe nicht unter dem Druck, ihnen etwas Besonderes geben zu müssen. Ich gehe einfach nach innen, versuche mit meiner inneren Quelle in Berührung zu kommen. Und dann kommen aus mir die Worte heraus, die die Menschen brauchen. Ich strenge mich dann nicht an. Ich versuche nur, ganz präsent zu sein und in Berührung mit der inneren Quelle zu bleiben.

Unterwegs ist es wichtig, genügend zu trinken, damit wir den durch das Schwitzen entstandenen Flüssigkeitsverlust wieder ausgleichen können. Wir sind auf dem Weg immer wieder darauf angewiesen, eine Quelle oder einen Bach zu finden, an dem wir unsere Wasserflaschen auffüllen können. Das ist ein Bild für unser Leben: Auch da verlieren wir viel Kraft bei unserer Arbeit und unserem Einsatz für andere. Wir brauchen immer wieder eine Quelle, an der wir uns erfrischen und unsere verlorene Kraft auftanken können. Eine solche Quelle mitten im Alltag ist für mich die Stille: Wenn ich still werde und nach innen gehe, komme ich mit der inneren Quelle in mir in Berührung. Schon die Stille selbst ist eine solche

Quelle, die mich wieder aufatmen lässt. Genauso wie das Wandern in der Natur oder das Hören von schöner Musik. Da komme ich auch mit dem Innersten in mir in Berührung. Meine Seele schwingt mit und wird wieder lebendig, wenn sie erschlafft war.

Auftanken passt als Bild nicht, auch wenn wir das Wort gerne verwenden, um anzuzeigen, dass wir unsere inneren Tanks neu füllen. Mit einem vollen Tank kann ich so weit fahren, bis er leer ist. Wenn ich mit der inneren Quelle in Berührung bin, brauche ich jedoch nicht aufzutanken. Ich schöpfe immer aus ihr, weil sie in mir ist. Aber es braucht die Haltung der Durchlässigkeit, damit die Quelle in mir nicht versiegt. Sie dient nicht meinem Ego, das sich als unbegrenzt belastbar darstellen möchte, sondern sie will durch mich hindurchströmen. Das tut sie nur, wenn ich mein Ego hintanstelle und durchlässig werde für den Heiligen Geist.

Sich wieder aufmachen

Nach der Pause geht es weiter. Wir sind noch nicht am Gipfel, der Weg führt immer noch bergauf. Die ersten Schritte nach der Rast tun jetzt erst einmal weh. Man hat wirklich das Gefühl, als sei man eingerostet. Es wäre so schön gewesen, noch weiter in der Sonne zu dösen und sich auszuruhen. Aber wenn man sich ein Ziel gesetzt hat, muss man rechtzeitig weitergehen. Das braucht Überwindung. Vielleicht kommen einem auch Zweifel, ob man sich nicht zu viel zugemutet hat, ob es nicht genügen würde oder besser wäre, umzukehren und wieder ins Tal zu gehen. Doch wenn man es geschafft hat, sich aufzuraffen, kommt man allmählich wieder in den richtigen Tritt. Und dann fällt es einem leichter weiterzugehen. Wenn der Kopf klar ist, wenn man die Zweifel zum Schweigen gebracht hat, dann kann man sich auch wieder ganz auf den Weg konzentrieren.

Sich erneut auf den Weg zu machen, ist für mich ebenfalls ein Symbol für das Leben. Oft genug denkt man: Genügt es nicht, was ich erreicht habe? Jetzt könnte ich mal richtig ausruhen und zufrieden sein mit dem, was ich schon geschafft habe. Das sind durchaus vernünftige

Gedanken. Irgendwann ist es sicher gut, sich zufriedenzugeben mit dem Erreichten. Das muss jede und jeder für sich selbst feststellen. Wo ist der Punkt, an dem ich fühle, dass ich angekommen bin, dass ich genug erreicht habe?

Leo Tolstoi hat in seiner Geschichte „Wie viel Erde braucht der Mensch" eindrücklich beschrieben, wohin es führt, wenn wir immer mehr haben wollen. Dem Protagonisten der Geschichte, einem Bauern, verspricht man, dass er das Land sein Eigen nennen kann, das er in einem Tag umrundet. Am Ende erreicht er das selbst gesteckte Maximum mit letzter Kraft. Aber er kann nichts behalten, denn er stirbt vor Erschöpfung.

Im Leben geht es natürlich nicht nur um materielle Ziele, im Gegenteil. Der innere Weg, unsere Suche nach dem Sinn des Lebens und dem Geheimnis Gottes geht immer weiter. Es gibt keinen geistlichen Weg, auf dem man sich für immer ausruhen könnte, so, als ob man Gott schon erreicht hätte. Gott erreichen wir nie. Und so muss ich mich immer wieder neu auf den Weg machen, weitergehen, die Mühen auf mich nehmen, die der neue Weg mit sich bringt. Ich kann nicht sagen: bis hierher und nicht weiter. Der Weg menschlicher Selbstwerdung endet erst im Tod. Vorher muss ich immer weiterwandern und mich dabei auch selbst immer weiterwandeln. Sonst wird mein Leben unfruchtbar.

In den Großtaten meiner Vergangenheit zu schwelgen, führt zu nichts. Ebenso nutzlos ist es, wenn ich mich weigere, mich dem Augenblick zu stellen.

Gott wahrhaftig zu schauen, ist das eigentliche Ziel unseres Lebens. Und zu Gott hin muss ich immer wieder neu aufbrechen. Erst im Tod werde ich ihn so sehen, wie er wirklich ist.

Selbst im Alter entwickle ich mich noch weiter. Es wäre auch fatal, wenn ich dann nur noch an die Vergangenheit denken würde. Es ist gut, mich dankbar daran zu erinnern, was ich in meinem Leben erlebt und was ich vollbracht habe. Aber dabei darf ich nicht stehen bleiben.

In der Begleitung erlebe ich viele Menschen, die immer nur zurückschauen, aber unfähig sind, in der Gegenwart zu leben. Sie sehen die Chancen und Fehler der Vergangenheit, sie trauern um verpasste Chancen, sie hadern mit der Zukunft. Der Augenblick, das Hier und Heute ist für sie unerträglich.

Die Gegenwart ist ein Anspruch, die Vergangenheit loszulassen, um ganz präsent zu sein. Wenn ich im Augenblick lebe, dann werde ich auch das Schöne auf dem Weg wahrnehmen. Ich brauche dann nicht von bestiegenen Gipfeln und längst vergangenen Touren zu schwärmen, sondern lasse mich jetzt auf den Weg ein, der vielleicht nicht mehr auf ganz so hohe Gipfel führt, auf dem man aber trotzdem viel Schönes am Wegesrand entdecken kann. Wenn ich jetzt im Augenblick lebe und meinen Weg bewusst weitergehe, dann bin ich offen für all das Wunderbare, das Gott mir in der Natur, in der Begegnung mit anderen Menschen und in der Stille zeigen möchte.

Die Gegenwart stellt immer neue Herausforderungen an mich. Ich frage mich: Was will Gott von mir? Welchen Weg soll ich weitergehen?

Gratwanderung – Grenzerfahrungen

Als ich jung war, machte es mir nichts aus, über einen steilen Grat zu wandern. Ich konnte rechts und links hinunterschauen und blieb doch sicher in meinem Tritt. Je älter ich werde, desto mehr spüre ich: Gratwanderungen sind nichts mehr für mich. Die traue ich mir nicht mehr zu. Da habe ich Angst, mir könnte schwindlig werden. Als mir das bewusst wurde, habe ich zunächst gedacht, ich hätte ein psychisches Problem. Doch im Gespräch mit anderen habe ich erkannt: Es ist normal, dass man im Alter solche Touren nicht mehr gehen kann. Da wird man einfach unsicher. So habe ich mich mit meiner Grenze ausgesöhnt. Wenn es unterwegs also plötzlich rechts und links senkrecht nach unten geht, dann weiß ich: Diesen Weg werde ich nicht gehen. Dann muss ich haltmachen und umkehren. Am Anfang fiel mir es nicht so leicht, mir das einzugestehen. Aber jetzt weiß ich um meine Grenze und akzeptiere sie.

Allerdings gibt es auch wunderschöne Gratwanderungen, die ich noch genießen kann. Als wir im Zillertal über einen schmalen Pfad von einem Gipfel zum anderen gegangen sind, habe ich die Aussicht nach beiden Seiten genossen. Der Weg war breit genug, sodass die links und rechts steil abfallenden Hänge mir keine Angst machten.

Der Weg auf dem Grat bescherte uns wunderbare Ausblicke: Ich sah vor mir die Berge, die das Ahrntal begrenzen: Auf der linken Seite das Karwendelgebirge mit seinen kalkigen Felsen – und auf der rechten Seite konnte ich bis zum Ortler sehen.

Solche Erlebnisse weiten den Blick. Sie lassen die vielfältige Schönheit der Landschaft aufscheinen und vermitteln ein Gefühl von Freiheit und Weite. Solche Wege kann man nur beschwingt gehen, in der Freude über die wunderbare Natur.

Gratwanderungen gibt es auch im Alltag. Manche, die an ihrer Arbeitsstelle befördert worden sind, haben den Eindruck, dass ihr Weg sie einsam macht. Auf dem Grat, nahe am Gipfel, muss jeder alleine gehen. Da kann niemand an meiner Seite sein. Einer von uns würde abstürzen. Und rückwärts kann ich auch nicht ständig schielen.

Es gibt auch die Gratwanderung zwischen verschiedenen Parteien, die sich in einem Unternehmen, in der Familie oder der Kirchengemeinde gebildet haben. Ich spüre dann: Ich will auf dem Grat wandern, um die beiden Gruppierungen miteinander zu verbinden. Aber auf dem Weg bin ich allein. Da hilft mir niemand. Im Gegenteil: Manche rufen mir von vorne oder hinten irgendwelche

Parolen zu, die mir nicht dabei helfen, klar und aufrecht weiterzugehen, sondern mich vielmehr gefährden, nach der einen oder anderen Seite abzustürzen. Da braucht es innere Klarheit. Und ich muss meine eigene Grenze, meine Begrenzung anerkennen: An welcher Stelle muss ich mich weigern, auf diesem schmalen Grat zwischen allen Fronten weiterzugehen? Wo droht der Absturz, die Verletzung, das endgültige Scheitern?

Wie ist meine innere Verfassung: Habe ich Angst, dass mir schwindlig wird, dass ich auf diesem Grat an meine Grenzen stoße? Ist es eine Angst, die ich überwinden soll, oder eine, die mich davor bewahren möchte weiterzugehen?

Ich kann mich auch fragen, ob ich diese Gratwanderung auf Dauer überhaupt möchte. Ist sie letztlich nicht eine Überforderung? Außerdem muss ich meine Trittsicherheit prüfen: Was traue ich mir zu in meinem Leben? Wie sicher bin ich unterwegs?

Welcher Weg passt für mich, welchen kann ich gut und sicher gehen? Und bevor ich mich auf den Grat wage, ist es gut, mit anderen darüber zu sprechen, was meine tiefste Motivation ist: Will ich mich, mir selbst oder anderen etwas beweisen? Und wäre es nicht sinnvoller, mir meine Angst und meine Grenzen einzugestehen und den Weg zu wählen, der für mich passt?

Zuweilen ist es notwendig, mich einer schwierigen Situation auszusetzen, weil es meinen Einsatz braucht. Wenn ich auf mein Herz höre, spüre ich, dass es für mich stimmig ist, dass es meine Aufgabe ist, diesen Weg, diesen schweren Grat zu begehen und dadurch anderen Menschen Weite und Freiheit zu vermitteln.

Wenn ich mich von keinem Einzelnen und keiner Gruppe zu etwas zwingen lasse, kann ich meinen Weg aufrecht und mit einer großen inneren Leichtigkeit gehen, weil ich ganz bei mir bin.

KAPITEL 3

Oben angekommen!

Gipfelerfahrung

Ein besonderes Erlebnis ist es, den Gipfel zu erreichen. Oft ist man dort nicht allein. Da stehen schon andere am Gipfelkreuz und feiern ihren Erfolg, den beschwerlichen Aufstieg geschafft zu haben. Sie tragen sich ins Gipfelbuch ein und genießen die Aussicht. Manche genehmigen sich auch einen Gipfeltrunk.

Oben anzukommen, ist immer ein erhebendes Gefühl. Man weiß: es hat sich gelohnt, all die Mühen auf sich zu nehmen.

Manchmal sind gerade die letzten Schritte besonders anstrengend: Man meint, man sei dem Gipfel schon ganz nah. Doch dann ist der Weg noch länger und schwieriger, als man denkt. Umso befreiender ist es, dann endlich anzukommen. Man spürt, dass es Sinn gemacht hat, all die Strapazen auf sich zu nehmen. Wie gut es sein kann, gemeinsam auch schwierige Wegstrecken zu bewältigen. Dass es sich lohnt, Durststrecken durchzustehen und weiterzuwandern. Anzukommen. Ganz oben zu stehen und die wunderbare Weite auszukosten.

Die meisten Gipfel in den Alpen und anderen Wandergebieten sind durch ein Gipfelkreuz gekennzeichnet.

Hier ist nicht nur die Höhe in Metern angegeben, die man erreicht hat. Das Kreuz auf den Gipfeln zeigt viel mehr: Die Liebe Jesu steht über allem, das Kreuz ist ein Siegeszeichen: Alles Leid und der Hass der Welt sind überwunden durch die Liebe Jesu Christi, der uns am Kreuz über alle Maßen und bis zur Vollendung geliebt hat. Jesus selbst sagt, wenn er über seinen Weg ans Kreuz spricht: „Wenn ich erhöht werde von der Erde, so will ich alle zu mir ziehen." (Joh 12,32)

Am Kreuz kann man sich umarmt fühlen von der Liebe Jesu, von der Liebe Gottes, die einem auf dem Gipfel eines Berges in besonderer Weise entgegenströmt und von allen Seiten umgibt.

Das Kreuz war in der frühen Christenheit aber auch ein Symbol für den Lebensbaum, der Himmel und Erde miteinander verbindet. So zeigt uns das Kreuz, dass wir immer beides sind: Menschen der Erde und Menschen des Himmels.

Der Gipfel lädt ein, Rast zu machen und die Aussicht zu genießen. Ich sehe mich nach allen Seiten um und bewundere die Landschaft und die weite Sicht. Ich möchte vielleicht wissen, wie die Berge heißen, die ich erblicke. Aber dann genügt es mir doch, einfach nur zu schauen.

Wenn ich vom Gipfel in das Tal hinunterblicke, dann wirken die Häuser der Orte im Tal winzig klein. Ich kann die Menschen, die dort durch die Straßen laufen, nicht erkennen. Alles Alltägliche bleibt sozusagen unter mir zurück und wird relativiert.

Und das Wesentliche kommt in den Blick. Auf einmal ist es nicht mehr so wichtig, ob ich die Spülmaschine ausgeräumt habe oder nicht, ob dieses oder jenes Restaurant heute Abend offen hat und was es wohl zu essen gibt. Auf dem Gipfel rege ich mich nicht mehr über Worte auf, die dieser oder jener zu mir gesagt und mit denen er mich vielleicht verletzt hat. Alles, was mir im Tal so wichtig erschien, verliert an Bedeutung. Ich fühle mich frei hier oben. Es ist ein erhebendes Gefühl, in die Weite zu schauen, die wunderbare Berglandschaft zu betrachten. Der Gipfel lässt mich das Glück des Augenblicks genießen. Es ist gut, mir hier Zeit zu lassen und nicht gleich wieder abzusteigen.

Ein solches Erfolgserlebnis, es zum Gipfel geschafft zu haben, will auch zelebriert sein. Viele Menschen rasen heute von einem Erfolg zum nächsten. Sie können ihn gar nicht wirklich genießen oder feiern. Sie kommen auf den Gipfel, verweilen dort nur ganz kurz und treiben sich schon im nächsten Moment aufs Neue an weiterzugehen. Sie müssen von einem Gipfel zum anderen, ohne jemals zur Ruhe zu finden und ohne je das zu genießen, was sie erreicht haben.

Doch jeder Erfolg braucht ein Innehalten, um zurückzublicken und dankbar wahrzunehmen: Welchen Weg bin ich gegangen? Welche Schwierigkeiten habe ich bewältigt? Welche Strapazen habe ich auf mich genommen, um auf dem Gipfel anzukommen? Denn erst in der Dankbarkeit für den Weg, den ich genommen habe, und für das Erreichte kann ich meinen Erfolg wirklich genießen.

Auch das Erreichen des Gipfels ist ein Sinnbild mit Blick auf unser Leben. Oben angekommen, erinnere ich mich, wann ich in meinem Leben einen Moment erlebt hatte, bei dem ich mich so weit und frei gefühlt habe wie jetzt hier auf diesem Gipfel.

Abraham Maslow, ein amerikanischer Psychologe, der sich mit spirituellen Erfahrungen beschäftigt hat und für den diese genauso zum Weg der Selbstwerdung gehören wie die Begegnung mit der eigenen Sexualität, erzählt ebenfalls von Gipfelerfahrungen des Lebens. Das kann die Geburt eines Kindes sein, ein Gespräch mit Freunden, das Versenken in Musik, die sexuelle Verschmelzung mit dem Partner oder der Partnerin. Gipfelerfahrungen sind für Maslow immer mystische Erfahrungen.

Und dazu gehört die Ekstase, die Selbsttranszendenz: Auf einmal wird unser Bewusstsein ganz klar. Wir erwachen zur reinen Bewusstheit. Wir werden herausgerissen aus der Enge unserer Wahrnehmung und eins mit dem Geheimnis allen Seins. Maslow beschreibt die Gipfelerfahrung so: „Der Mensch tritt ein in das Absolute, er wird eins mit ihm, und wenn auch nur für einen kurzen Augenblick. Dieser Augenblick verändert das Leben. Viele haben darüber gesagt, dass in ihm der Geist des Menschen innehalte und dass sich ihm in diesem zeitlosen Augenblick die paradoxe, veränderlich/unveränderliche Natur des Universums erschließe."

Im Leben werden uns manche Gipfelerlebnisse begegnen. Aber es gilt das Gleiche wie beim Bergsteigen: Um auf den Gipfel zu kommen, muss ich mich anstrengen. Die Lateiner sagen: *per aspera ad astra*, was so viel heißt wie: durch das Harte zu den Sternen. Viele identifizieren Gipfelerfahrungen mit Erfolgserlebnissen. Erfolge können solche Erlebnisse sein, aber eben nicht nur. Wir wissen, dass wir den Erfolg nicht festhalten und uns nicht auf ihm ausruhen können. Wir müssen vom Gipfel aus wieder ins Tal hinunter. Das Gipfelerlebnis lehrt uns, schöne Augenblicke in unserem Leben bewusst wahrzunehmen und zu genießen: einen Erfolg, eine gute

Begegnung, das Gelingen eines Gesprächs. Es braucht das Innehalten, damit das Erlebnis wirklich zu einer inneren Wirklichkeit wird, die uns auch im Alltag trägt und die unsere Seele erhebt. Wenn ich das Gipfelerlebnis bewusst wahrnehme und in mein Inneres einfließen lasse, dann kann ich mich immer wieder daran erinnern. Gerade dann, wenn es mir einmal nicht so gut geht, gehe ich nach innen, um dort den Schatz der Erinnerung in mir hervorzuholen. Ich kann den besonderen Glücksmoment in der Erinnerung noch einmal durchleben und mich daran freuen. Das erhellt selbst trübe Tage und gibt Hoffnung, wenn ich gerade tief in einer Krise stecke. Und wenn im Tal der Weg beschwerlich wird, hilft die Erinnerung an das Erreichte, ihn beschwingter und leichter zu gehen.

Klar sehen

Von einer wunderbaren Gipfelerfahrung erzählen uns auch die Evangelien. Es ist die Geschichte von der Verklärung Jesu auf dem Berg. Matthäus und Markus sprechen von einem sehr hohen Berg, auf den Jesus drei Jünger mitnimmt. Sie steigen gemeinsam bergan und auf dem Gipfel wird Jesus vor den Augen der Jünger verwandelt. Im Matthäusevangelium heißt es: „Sein Gesicht leuchtete wie die Sonne und seine Kleider wurden blendend weiß wie das Licht" (Mt 17,2). Die Erfahrung, die die Evangelisten beschreiben, gleicht dem, was Abraham Maslow eine Gipfelerfahrung nennt: Auf einmal wird alles klar. Das wahre Sein leuchtet auf, ohne Verstellung oder Verdunkelung. Jesus wird hier mit seinem ganzen Wesen sichtbar. Und das ist reines Licht und reine Liebe.

Lukas spricht als einziger Evangelist davon, dass Jesus mit den drei Jüngern auf den Berg steigt, um zu beten. Normalerweise zieht sich Jesus allein auf den Berg zurück, um in der Einsamkeit zu seinem Vater zu sprechen. Hier nimmt er bewusst drei Jünger mit. Er möchte sie persönlich in das Geheimnis seiner Person einführen. Lukas schreibt, während Jesus betete, „veränderte sich das Aussehen seines Gesichtes und sein Gewand wurde leuchtend weiß" (Lk 9,29). Jesus will hier den Jüngern nicht nur sein wahres Wesen enthüllen. Er möchte ihnen auch zeigen, was mit ihnen geschehen könnte, wenn sie so wie er beten würden. Das Beten Jesu ist für Lukas immer als ein Vorbild für uns gedacht. Er möchte uns sagen: Wenn wir so intensiv beten wie Jesus auf dem heiligen Berg, dann kann sich auch unser Leben verklären, dann kann sich unser Gesicht verwandeln. Es wird auf einmal durchsichtig für das Licht Gottes. Wir kommen in Berührung mit dem einmaligen und unverfälschten und ursprünglichen Bild, das Gott sich von uns gemacht hat.

Es gibt keinen besseren Ort als einen Berg, um diese intensive Erfahrung von Verwandlung im Gebet zu machen. Wenn wir einen Gipfel bestiegen haben, dann setzen wir uns oft abseits von den vielen Leuten, die um das Gipfelkreuz herumstehen. Wir suchen uns einen stillen Ort aus, um dort oben nicht nur die Aussicht zu genießen, sondern das Geheimnis des Berges zu erfahren. Das kann ein erhebendes Gefühl sein. Wenn ich dann einfach still dasitze und mein Herz für Gott öffne, dann ahne ich, was die Jünger auf dem Berg mit Jesus erfahren haben.

Die Tradition hat diesen Ort der Verklärung mit dem Berg Tabor identifiziert. Andere meinen, es wäre der Horeb gewesen, auf den die Jünger mit Jesus gestiegen sind. Ganz gleich, welcher es nun war: Ein hoher Berg hat eine ganz eigene Ausstrahlung. Da fühle ich mich Gott näher. Da spüre ich das Erhabene, Heilige, das, was mich zum Erschauern bringt. Und diese Erfahrung verwandelt mich.

Der Evangelist Lukas sagt von Jesus, dass er dort oben gebetet habe. Über den Inhalt des Gebetes spricht Lukas nicht. Aber er verwendet im griechischen Text das Wort *proseuchesthai*, das heißt: Er betet *zu* etwas oder jemandem. Er ist im Gebet also ganz auf den Vater ausgerichtet. Das ist ein schönes Bild für uns: Wenn wir uns auf dem Gipfel des Berges ganz auf Gott hin ausrichten, dann verklärt sich für uns alles. Wir schauen mit neuen Augen in die Weite der Landschaft. Wir erkennen in allem die Schönheit Gottes. Gottes Glanz leuchtet uns in allem entgegen. Und damit verklärt sich auch unser Leben. Wir werden vom Licht Gottes erfüllt, das auf dem Berg oft eine eigenartige Färbung annimmt. Das sind Momente, die wir festhalten möchten, so wie es von Petrus im Evangelium berichtet wird. Wir möchten dann auch am liebsten drei Hütten bauen, wie Petrus es Jesus vorschlägt, um diese besondere Erfahrung festzuhalten. Doch dies wird nicht gelingen. Auch die Jünger müssen den Gipfel hinter sich lassen und wieder hinunter ins Tal steigen.

Lukas erzählt weiter im Text, dass auf die wunderbare Erfahrung der Verklärung sofort die Angst folgt: Eine dunkle Wolke steigt auf und wirft ihren Schatten auf die Jünger. Es wird auf einmal dunkel und kalt. Die Jünger fürchten sich. Doch aus einer Wolke heraus hören sie die Stimme Gottes: „Das ist mein auserwählter Sohn, auf ihn sollt ihr hören" (Lk 9,35).

Anschließend müssen sie ins Tal hinabsteigen. Aber sie nehmen die Erfahrung mit, dass sie auf dem Gipfel das Licht in Jesu Antlitz gesehen haben. Und sie nehmen das Wort mit, das Gott ihnen über Jesus gesagt hat. So sollten auch wir beim Abstieg in den Nebel des Alltags unsere Gipfelerfahrungen mitnehmen. Im Tal unseres Alltags gilt es, uns an die Gipfelerfahrungen zu erinnern, die wir gemacht haben; etwa an eine schöne Begegnung, an die Stille und Schönheit auf dem Gipfel oder an den Augenblick, in dem uns auf einmal alles klar war, an den Augenblick, in dem wir ganz und gar Ja sagen konnten zu uns, obwohl die äußere Situation vielleicht nicht sehr angenehm war. Wenn wir mit dieser Erfahrung des inneren Lichtes vom Gipfel ins Tal gehen, dann wird sich auch in unserem Lebenstal der Nebel lichten. Wir können uns an der Erinnerung des Lichts festhalten, das uns auf dem Berg aufgeleuchtet ist, in uns selbst und in den Menschen, mit denen wir auf dem Gipfel waren.

Der Verheißung trauen

Wenn ich mir auf dem Gipfel Zeit nehme, auszuruhen und über das Geheimnis des Berges nachzudenken, dann fallen mir noch viele weitere biblische Geschichten ein. Da ist einmal die Erzählung im Alten Testament, dass Mose auf dem heiligen Berg Sinai die Zehn Gebote empfängt. Er bleibt vierzig Tage und vierzig Nächte allein dort oben und bereitet sich durch Fasten auf die Begegnung mit Gott vor. Als Mose dann vom Berg herabsteigt, merkt er gar nicht, dass sein Gesicht leuchtet. Die Israeliten bekommen Angst vor dem Strahlen seiner Haut, deshalb legt Mose einen Schleier über sein Antlitz (Ex 34,29 ff). So kann sich manchmal auch unser Gesicht verwandeln und regelrecht strahlen, wenn wir auf dem Gipfel Gott als Licht erfahren haben.

Der Evangelist Matthäus stellt als Parallele zu den fünf Büchern Mose fünf große Reden Jesu zusammen. Er möchte damit deutlich machen: Jesus gibt uns ein neues Gebot, das die Gebote des Alten Testaments nicht aufhebt, sondern erfüllt.

Die erste und längste Rede Jesu ist die Bergpredigt. Matthäus verrät uns nicht, auf welchem Berg er diese wichtige Rede gehalten hat. Das ist auch von keiner großen Bedeutung. Entscheidender ist, dass die Begebenheit auf einem Berg stattfand, so wie auch Mose die Zehn Gebote auf einem Berg von Gott erhalten hat.

Das Matthäusevangelium nennt acht Seligpreisungen Jesu. Acht ist traditionell die Zahl der Transzendenz. Jesus öffnet den Zuhörern – und auch uns Lesern – die Augen für das Geheimnis, das uns übersteigt: für Gott, der all unser Denken transzendiert. Das Wort „Seligpreisung" meint hier einen Weg zum wahren Glück, eine Weisung, wie unser Leben gelingen kann.

Jesus eröffnet uns in den Seligpreisungen somit eine Möglichkeit, wie wir trotz aller Bedrängnisse dennoch am Glück, das er uns zuspricht, teilhaben können. Er steigt auf einen Berg, um uns hier einen Weg zu zeigen, der nicht nur die Weisheit des Alten Testaments, sondern die Weisheit aller Völker in sich vereint.

Zugleich verheißt Jesus hier auch, dass unser Leben gelingen kann. Vor allen Geboten stehen die Verheißungen Jesu. Er traut uns zu, dass wir seinen Worten folgen und im Horchen auf seine Worte so leben können, wie es unserem Wesen als Mensch entspricht und wie es Gott schon immer dem Menschen zugedacht hat. Wenn wir die acht Haltungen verwirklichen, die uns Jesus in den Seligpreisungen vermittelt, dann werden wir selig, glücklich. Dann werden wir zum Salz der Erde, zur Würze, die der Welt einen neuen Geschmack verleiht. Und wir werden zum Licht für die Welt. Von uns wird Licht ausgehen zu den Menschen.

Wenn ich auf einem Berg sitze und die Seligpreisungen meditiere, dann geht mir auf neue Weise auf, was Jesus uns da verheißt: dass es in allen Situationen des Lebens einen Weg zum Glück, zum gelingenden Leben gibt. Ich lese mir laut die Worte vor und lasse sie mir langsam auf der Zunge zergehen:

„Selig, die arm sind vor Gott; denn ihnen gehört das Himmelreich“ (Mt 5,3).

Ich spüre einen tiefen Frieden und eine große Freiheit in mir, wenn ich nicht an den Dingen festhalte, wenn ich innerlich frei bin von der Bindung an Geld und Besitz.

„Selig, die keine Gewalt anwenden; denn sie werden das Land erben“ (Mt 5,5).

Wenn ich auf dem Berg meditiere und dabei in die Landschaft schaue, dann werde ich von allein sanftmütig mit mir selbst und anderen. Dann steigen in mir Güte und Milde auf gegenüber allem, was ist.

„Selig, die ein reines Herz haben; denn sie werden Gott schauen“ (Mt 5,8).

Auf dem Gipfel wird mein Herz klar, frei von allen Nebenabsichten. Ich erfahre, dass ich mit einem reinen Herzen, das nicht alles für sich haben will, Gott schauen kann. In der Schönheit der Schöpfung schaue ich Gott, der der Ursprung aller Schönheit ist. Die Schönheit, die ich rings um mich schaue, ist die Spur, die Gott in diese Welt eingegraben hat.

Wenn ich alle acht Seligpreisungen langsam und laut lese und darüber nachsinne, dann geht mir die Weisheit auf, die in den Worten Jesu liegt. Eine Weisheit, die mir einen Weg weist, wie mein Leben gelingen, wie ich etwas von dem Glück erfahren kann, das uns Jesus in diesem achtfachen Weg verheißt.

Auf dem Berg erklingen die Worte Jesu auf neue Weise, kann mir deren Bedeutung neu aufgehen. Dann komme ich in Berührung mit meinem wahren Selbst. Und ich trete verwandelt wieder den Weg zurück ins Tal an. Ich bin durch die Worte Jesu mit der Weisheit meiner eigenen Seele in Berührung gekommen. Und ich vertraue darauf, dass mich diese Weisheit meiner Seele jetzt auch in den Niederungen meines Alltags begleitet und mir das Vertrauen schenkt, dass auch mein Leben gelingen wird.

Der Berg der Versuchung

Alle wertvollen Erfahrungen, die ein Mensch macht, können auch verfälscht werden. Das Kostbarste kann entwertet oder ins Gegenteil verkehrt werden. So ist es auch mit der Gipfelerfahrung. Es besteht die Gefahr, dass ich mich mit dieser Erfahrung über die anderen Menschen stelle oder dass ich mit meinen Gipfelerlebnissen angebe. Daher kennt die Bibel nicht nur den Berg der Verklärung und der Seligpreisungen, sondern auch den Berg der Versuchung.

Als Jesus in der Wüste vierzig Tage lang fastete, da „nahm ihn der Teufel mit sich und führte ihn auf einen sehr hohen Berg“ (Mt 4,8). Von diesem hohen Berg aus zeigt der Teufel Jesus alle Reiche der Welt und bietet sie ihm an: „Das alles will ich dir geben, wenn du dich vor mir niederwirfst und mich anbetest“ (Mt 4,9). Es ist die Versuchung der Macht, die wir auf dem Berg vielleicht schon selbst gespürt haben – die Versuchung, über die eigenen Kräfte hinaus-zugehen und sich von der Faszination über die eigenen Fähigkeiten und der eigenen Macht leiten zu lassen. Schon manche Bergwanderer sind abgestürzt, weil sie der Versuchung erlegen sind und sich zu viel zugetraut haben. Weil sie dachten, sie könnten alles erreichen, was sie sich vornehmen.

Der Psychologe Manfred Ruoß hat aufgezeigt, dass hinter den Erfolgen von Extrembergsteigern oft ein mangelndes Selbstwertgefühl steckt, das sie durch immer größere Leistungen kompensieren wollen. Doch sie verlieren dann häufig irgendwann ihr Maß und scheitern an ihrem eigenen Ehrgeiz. Einige verlieren darüber auch die Beziehungen zu ihren Freunden und Partnern, weil sie nur noch auf sich und ihre eigene Macht fixiert sind. In diese Versuchung zur Macht will der Teufel Jesus führen. Letztlich in die Isolation.

Heute gibt es viele Menschen, die dieser Versuchung erliegen. Sie haben durch ihren Erfolg im Beruf eine gewisse Machtstellung erreicht. Jetzt spüren sie die Faszination der Macht. Sie machen andere klein, um sich in ihrer eigenen Größe zu sonnen. Oder sie spüren die Versuchung nach immer mehr. Sie haben nie genug: weder Geld, noch Reichtum, noch Macht und Einfluss.

Doch in dieser Versuchung liegen zusätzlich noch weitere Gefahren, zum Beispiel die, auch im Alltag, zu Hause in der Familie, in der Partnerschaft oder im Freundeskreis Macht über andere auszuüben. Indem ich dem anderen beispielsweise mit Liebesentzug drohe, übe ich Macht aus. Oder aber ich flöße ihm Angst ein, indem ich voller Selbstbewusstsein auftrete und ihn kleinmache.

Anderen wiederum gelingt es, dem Partner, der Partnerin ein schlechtes Gewissen zu vermitteln – eine subtile Form von Machtausübung. Denn niemand kann sich dem wirklich entziehen. Keiner von uns ist ohne Schuld. Daher kann der, der uns Schuldgefühle einredet, eine gewisse Macht über uns ausüben.

Das ist auch der Fall, wenn man den anderen lächerlich macht. Dagegen kann er sich nur schwer wehren, zumal wenn man dann behauptet, das sei nur ein Spaß gewesen, er solle sich nicht so aufregen.

Eine andere Form von Macht zeigt sich in der Sucht, andere ständig zu verletzen. Das hat zur Folge, dass der, der verletzt wird, Angst bekommt vor dem, der ihm das antut. Manche, die andere ständig kränken, genießen diese Art von Macht. Um nicht verletzt zu werden, werden sich die Gekränkten an den Mächtigen anpassen und sich ihm unterwerfen. Doch niemand, der solches tut, kann wirklich glücklich werden. Er isoliert sich letztlich und verliert die Fähigkeit zu Freundschaft und Liebe.

Bezogen auf das Gipfelerlebnis gibt es noch eine weitere Versuchung, nämlich die, andere zu begeistern, sie zu Bergtouren zu verführen, die über ihre Kraft hinausgehen. Solche Menschen machen mit ihrem Können ein

Geschäft, haben kein Gespür für das, was die anderen wirklich brauchen, und bringen sie im schlimmsten Fall noch in Gefahr.

Eine der größten Gefahren der Verführung durch die Macht ist die, dass ich mich über die anderen stelle. Ich kann mehr als die, denke ich, und schaue vom Gipfel meines Erfolges auf die hinunter, die erfolglos herumirren. Das gilt auch für die „Erfolge“ in der spirituellen Entwicklung. Ich bilde mir dann ein, dass ich auf meinem spirituellen Weg weiter bin als die anderen Menschen, die nur ihre banalen Bedürfnisse befriedigen.

Wenn ich mich auf diese Weise innerlich aufblähe, werde ich blind für andere und sehe nur noch meine eigenen Bedürfnisse nach Macht, Anerkennung und Bewunderung, mein Bedürfnis, etwas Besonderes zu sein. Viele nutzen das Erstürmen der Gipfel, um vor ihrem Alltag in die Grandiosität zu flüchten. Doch dies führt dann oft dazu, dass sich solche Menschen isolieren und irgendwann schmerzlich ihre menschliche Hinfälligkeit erfahren.

KAPITEL 4

Zurück ins Tal

Absteigen

Wenn wir uns genügend Zeit gelassen haben, um vom Gipfel die Aussicht zu genießen und uns gegenseitig zu beglückwünschen, dass wir es geschafft haben, ihn zu erklimmen, dann geht es irgendwann doch an den Abstieg. In meiner Jugend war das für mich kein Problem. Wir sind einfach über die Felsen querfeldein nach unten gesprungen und haben so zum Abstieg die Hälfte der Zeit gebraucht wie für den Aufstieg. Wir waren stolz, dabei alle anderen Wanderer zu überholen. Es war für uns keine Anstrengung, wir sind einfach nur gelaufen.

Heute ist es anders. Die Knie machen nicht mehr so mit. Da ist es gut, langsam abzusteigen und beispielsweise Stöcke zur Hilfe zu nehmen, um die Knie zu entlasten. Mir persönlich fällt der Weg nach unten immer noch leichter als der nach oben. Und etwas von der jugendlichen Unbeschwertheit stellt sich wieder ein, wenn ich den Abstieg beginne. Doch für einige in unserer Gruppe ist das Absteigen beschwerlicher. Da müssen sie noch mehr aufpassen als beim Aufstieg, weil man sich leicht die Füße vertreten und sich dabei verletzen kann. Auf jeden Fall braucht es Geduld für den Abstieg. Man spürt dann auch allmählich die Füße. Sie werden müde und tun weh.

Der Abstieg ist nicht unbedingt einfacher als der Aufstieg. Es ist beschwerlich, ins Tal zu gehen. Es belastet, macht die Sicht enger. Das gilt auch für den Abstieg vom Gipfel eines Erfolges. Viele Menschen tun sich schwer mit der Vorstellung, dass sie nicht noch weiter aufsteigen können, sondern den Abstieg beginnen müssen, also vom Im-Rampenlicht-Stehen wieder in das Tal der eigenen Durchschnittlichkeit und der Unbedeutsamkeit hinabsteigen. Manche meinen, sie könnten den Erfolg mit nach unten nehmen. Doch im Tal sehen alle gleich aus, man kann nicht mehr feststellen, wer auf dem Gipfel war und wer nicht. Wieder nur einer unter vielen zu werden, ohne herausgehoben zu sein, das ist für manche in der Tat viel beschwerlicher als der mühsame Weg zum Erfolg.

Wenn uns die Füße wehtun, erfrischen wir sie, falls wir dazu einen Bach oder eine Quelle finden: Wir ziehen unsere Schuhe und Strümpfe aus und stellen uns in den kalten Fluss, lassen uns vom Wasser die Füße umspülen. Manchmal ist es eiskalt. Aber es ist eine angenehme Erfrischung. Und wenn wir dann nach dem Fußbad wieder weitergehen, fällt uns der Weg viel leichter. Wir fühlen uns wie neugeboren und haben neue Kraft in uns. So ist es auch im Alltag ratsam, beim Abstieg vom Gipfel des

Erfolgs Pausen einzulegen, um innezuhalten und sich zu erfrischen. Es ist gut, erfrischt und verwandelt im Tal anzukommen. Sonst fühlt man sich hier unter den anderen Menschen nicht wohl. Denn diese wollen nicht von meinen Großtaten hören, sondern mich als Mensch unter Menschen erleben.

Der Abstieg geht nicht immer einfach nur schnurstracks zurück ins Tal. Wir folgen oftmals nicht dem gleichen Pfad, den wir nach oben gestiegen sind, sondern wählen bewusst eine andere Route, vielleicht weil sie weniger steil, aber dafür länger ist.

Manchmal hat auch der Abstieg ein Ziel. So war es, als wir von der Birnlücke im Ahrntal kamen. Bevor wir zum Wanderparkplatz gegangen sind, wollten wir unbedingt die Heilig-Geist-Kirche besuchen. Es ist eine altehrwürdige gotische Kirche, von Kardinal von Kues im Jahr 1455 geweiht. In dieser Kirche begegnet man der Geschichte des Ahrntales. Und man kann in den Fresken das ablesen, was damals die Menschen bewegt hat: Die Kirche führt uns ein in den Geist des weisen Kardinals Nikolaus von Kues, der die Spannungen zwischen Naturwissenschaft und Glauben, die damals herrschten, miteinander versöhnt hat. Er sprach von Gott als dem Zusammenfallen aller Gegensätze. Hier in dieser einfachen

Kirche am Ende des Ahrntales fallen die Gegensätze zwischen wuchtigen Bergen und einer Geborgenheit schenkenden Kirche besonders auf. Ein Erlebnis, an das ich mich gerne erinnere.

Es ist gut, sich auch für den Heimweg Ziele zu überlegen. Auch der Abstieg vom Gipfel des Erfolgs braucht ein Ziel, ein inneres Ziel. Das kann die innere Heimat sein, die uns die Kirche im Ahrntal erahnen ließ. Es kann die Vorfreude auf die Ruhe sein, die uns im Tal erwartet, oder auf das gemeinsame Mahl, das wir dort einnehmen und bei dem wir über unsere Erfahrungen miteinander ins Gespräch kommen.

Der Abstieg will aber nicht nur äußerlich bewältigt werden. Er ist auch ein Symbol für unser Leben. Wir können nicht immer nur aufsteigen. So erleben wir beispielsweise den Lebensabschnitt nach der Pensionierung oder Rente als Abstieg ebenso wie das Älterwerden. Im Alter gilt es, sich damit auszusöhnen, dass die Gipfel, die man besteigen kann, nicht mehr so hoch sind, dass die Wege kürzer werden, die wir erwandern können. Wenn uns das gelingt, werden wir auch die ebenen Wege als schön erleben, werden wir dort wunderbar vorankommen.

Irgendwann enden alle Wege, die wir gehen, im letzten Abstieg – hinein in den Tod, der jedoch für uns Christen zugleich der endgültige Aufstieg zum Gipfel des Lebens und der Freude wird.

Doch nicht erst am Ende unseres Lebens, sondern auch mitten im Leben erwarten uns immer wieder Abstiege. Wir dürfen dankbar sein, wenn wir einen Gipfel erklommen haben. Aber es kann nicht nur aufwärtsgehen. Wir müssen uns damit aussöhnen, dass manche Wege ins Tal führen, in den grauen Alltag. Das erleben wir beispielsweise, wenn wir ein schönes Fest gefeiert haben. An solchen Tagen – etwa bei einem runden Geburtstag – fühlen wir uns wie auf einem Gipfel. Wir schauen voller Dankbarkeit auf unser Leben. Doch nach und nach verlassen uns die Gäste und wir bleiben allein zurück. Dann spüren wir, dass wir nicht immer von diesem Geburtstag zehren können. Das fällt uns manchmal schwer. Nach einem Gipfelerlebnis fühlen wir die Last und Eintönigkeit unseres Alltags deutlicher als vorher. Jetzt bewundert uns niemand mehr, stehen wir nicht mehr im Mittelpunkt. Nun gilt es, in das Tal des Alltags hinabzusteigen und den Nebel des Alltags in Geduld zu ertragen.

Der Nebel des Alltags lässt uns oft kaum den Weg erkennen, den wir gehen wollen. Wir sehen sozusagen für eine lange Zeit die Sonne nicht. Das Leben wird düsterer. Wir sind unsicher auf unserem Weg. Manchmal ist der Nebel so dicht, dass er uns im Haus festhält. Wir kommen dann vielleicht innerlich nicht weiter. Auch das gehört zu unserem Leben, solche Nebelzeiten auszuhalten und darauf zu hoffen, dass die Sonne ihn vertreibt und wir wieder erkennen, wohin unser Weg uns jetzt führen will.

Manchmal haben wir den Eindruck, dass es mit uns nur noch bergab geht. Wir haben den Höhepunkt unseres Lebens überschritten. Beruflich geht es nicht mehr weiter nach oben. Die Firma wird umstrukturiert. Alle Chancen, jemals erneut aufzusteigen, sind mit einem Mal verstellt. Jetzt müssen wir uns im Tal zurechtfinden, auch wenn wir dazu keine Motivation mehr haben.

Vielleicht machen uns auch Krankheiten zu schaffen. Oder wir haben uns in der Partnerschaft, in der Familie auseinandergelebt. Und persönlich haben wir den Eindruck: Unsere alte Lebendigkeit, unsere Lust, neue Ideen zu entwickeln und das Leben zu gestalten und zu formen, sind verflogen. Es geht in jeder Hinsicht bergab. Da ist es nicht einfach, diesen Weg nach unten bewusst zu beschreiten. Es sollte nicht der Weg der Resignation sein. Das würde uns nicht guttun. Aber wir sollten uns auch nichts vormachen, uns nicht einbilden, die Lage sofort ändern zu können. Stattdessen sollten wir uns damit aussöhnen, dass wir jetzt ins Tal gehen.

Das Tal hat auch seine Reize. Ich entdecke die Tiefen meiner Seele, die Abgründe, die sich auftun, wenn ich unten angekommen bin. Die Talsohle steht für den Grund meiner Seele. Die Mystiker sagen uns, dass Gott auf dem Grund meiner Seele wohnt. Und dort erlebe ich einen Raum von Liebe und Milde, in dem ich mich daheim fühlen kann – auch wenn es auf den ersten Blick meist nicht so aussieht. Es kommt auf die Perspektive an, die ich in solchen Zeiten habe, den Standpunkt, den ich einnehme.

Das Tal kann auch zum Ort der Ruhe und der Muße werden. Ich setze mich einfach hin und denke darüber nach, was der Sinn meines Lebens ist. Und ich darf hoffen, dass ich einen neuen Sinn entdecke, dass ich Ja sagen kann zu dem Leben, wie es sich mir jetzt darbietet. Dann lässt es sich auch im Tal gut leben.

Umkehren

Irgendwann wieder vom Berg abzusteigen, ist normal. Doch es gibt Situationen, in denen wir den Gipfel erst gar nicht erreichen. Beispielsweise, wenn unterwegs plötzlich das Wetter umschlägt und es anfängt, heftig zu regnen. Wenn sogar ein Sturm aufzieht, Blitze vom Himmel zucken und der starke Gegenwind uns am Vorwärtskommen hindert. Oder wenn es einem der Wanderer nicht gut geht, er vielleicht Knieprobleme hat oder nicht mehr kann. Sich dann einzugestehen, dass es keinen Sinn hat weiterzugehen, fällt uns häufig nicht leicht. Aber es ist klüger, in solchen Momenten umzukehren und sich selbst nicht zu überfordern. Es braucht dafür nicht nur Klugheit, sondern auch Mut, sich selbst einzugestehen: Heute schaffe ich den Weg zum Gipfel nicht. Heute erkenne ich meine Grenze und akzeptiere sie.

Es gibt auch noch andere Gründe umzukehren: Als wir 1962 im Ahrntal unterwegs waren, haben wir uns schon morgens früh um vier Uhr auf den Weg gemacht, um die Rötspitze zu ersteigen. 0hne Frühstück sind wir losmarschiert und wollten in der Hütte kurz unterhalb des Gipfels frühstücken, bevor wir die letzten Meter aufsteigen. Umso größer war unsere Enttäuschung, als wir dort ankamen und die Hütte verschlossen war.

Auf den Schneefeldern, die bis hinauf zum Gipfel reichten, gab es weder einen Weg, noch sahen wir irgendwelche Spuren. Jetzt weiterzugehen, wäre viel zu gefährlich gewesen, zumal wir die Gegend nicht kannten. Da blieb uns nichts anderes übrig, als umzukehren und uns von unserem Plan zu verabschieden, diesen für uns bis dahin höchsten Berg (3495 m) zu besteigen. Aber wir sind nicht resigniert abgestiegen. Wir haben erst einmal die Brote genossen, die wir mitgenommen hatten. Und dann ist uns auf dem Weg nach unten eine blökende Schafherde gefolgt. Wir hatten also unseren Spaß, obwohl unser Plan gescheitert war. Als wir dann viel früher als gedacht zu unserem Zelt kamen, haben wir uns auf ein gutes Essen gefreut.

50 Jahre später sind wir zur Rötalm aufgestiegen und konnten von dort aus die Schönheit der Rötspitze bewundern. Wir konnten uns nicht sattsehen an den grünen Wiesen, die am Ende des Tales langsam ansteigen, bis hin zur Rötspitze, die das Tal mit ihrem mächtigen Gipfel beherrscht.

Ein andermal haben wir auf einer Wanderung den Weg verfehlt. Irgendwann erkannten wir, dass wir die ganze Zeit in die falsche Richtung gegangen waren. Wir entfernten uns immer mehr von unserem Ziel. Auch da brauchte es Mut und Klugheit, sich einzugestehen: Es ist besser umzukehren. Wir haben uns im Weg geirrt. Wir haben nicht aufgepasst und einen Wegweiser übersehen. Der Umweg, den wir nehmen mussten, war dann letztlich so weit, dass es keinen Sinn mehr ergab, den ursprünglichen Plan weiterzuverfolgen. Stattdessen stiegen wir ab und gingen zurück zum Ausgangspunkt.

Manche tun sich schwer, sich einzugestehen, dass es besser ist umzukehren. Damals haben wir unser Umkehren einfach umgedeutet: Der Weg, den wir gegangen waren, war auch interessant. Wir haben etwas erlebt, selbst wenn es nicht das war, was wir ursprünglich geplant hatten. Wir haben damals versucht, das Umkehren abzukürzen, indem wir nicht den gleichen Pfad zurückgegangen sind, sondern einfach auf kürzestem Weg abgestiegen sind. Doch dabei gerieten wir in ein neues Abenteuer, weil es plötzlich keinen Weg mehr gab. Der Pfad endete im Hang und wir mussten durch dichtes Gestrüpp hindurch und einen Bach überqueren, was einiges an Geschick erforderte. Wenn man mit einer Gemeinschaft unterwegs ist, macht auch so etwas Spaß, selbst wenn es anstrengend ist. Dann kann man solche Umwege als ein neues Abenteuer umdeuten.

Umkehren ist auch ein großes Thema in unserem Leben. Vielleicht haben wir studiert und einen Beruf ergriffen. Doch dann spüren wir irgendwann, dass es so nicht weitergeht. Es gibt genug Gründe zu sagen: Jetzt habe ich so viel Energie in das Studium gesteckt, ich muss die Durststrecke im Beruf durchhalten. Das kann durchaus sinnvoll sein, vor allem dann, wenn ich die Hoffnung in mir trage, dass es danach gut weitergeht. Aber es gibt auch Situationen, in denen ich mir eingestehen muss: Dieser Weg führt für mich nicht weiter. Da werde ich krank. Da wächst in mir Verbitterung und Enttäuschung. Und dann ist es besser umzukehren. Natürlich ärgere ich mich, dass der bisherige Weg scheinbar umsonst war. Doch stimmt das wirklich? Meistens ist es nicht so, denn ich habe bis zu diesem Zeitpunkt auch etwas erfahren. Ich habe mich selbst erlebt. Oder ich habe eine mir bislang unbekannte Landschaft kennengelernt. Ein Sprichwort sagt: „Umwege vertiefen die Ortskenntnisse."

Der Weg war nicht wirklich umsonst. Er führt nur an dieser Stelle nicht weiter. In aller Freiheit und Demut kann ich deshalb beschließen, umzukehren und mir einzugestehen, dass ich die Lage falsch eingeschätzt oder mich verirrt, wichtige Wegweiser übersehen habe.

Ein Freund hat uns zum Beispiel einmal vor einer geplanten Tour davor gewarnt, dass das, was wir uns vorgenommen haben, keine gute Idee sei. Aber wir sind ihm nicht gefolgt, sondern bei unserem Vorhaben geblieben. Wir waren stur und meinten, der Weg würde uns auf jeden Fall weiterführen und zum Ziel bringen. Letztlich kam es anders …

Manchmal wird uns auch eine Krankheit zum Wegweiser. Sie sagt uns vielleicht, dass uns der bisherige Lebenswandel in eine gesundheitliche Sackgasse führt, weil wir uns immer wieder zu viel zumuten. Aber auch das wollen wir meist in solchen Momenten nicht hören. Wir denken, wir können die Krankheit mit Medikamenten bekämpfen, statt die Ursachen zu erkennen.

Dazu gibt es eine schöne biblische Geschichte, in der der große Seher Bileam nicht auf die Zeichen Gottes achten will, die ihn zur Umkehr rufen. Dreimal stellt sich dem Seher, der auf einem Esel reitet, ein Engel des Herrn in den Weg, um ihn zum Umkehren zu bewegen. Der Esel sieht jeweils den Engel und hält inne. Einmal drückt er den Seher sogar an den Felsen, weil er dem Engel aus dem Weg gehen will, vor dem er sich fürchtet. Bileam wird wütend und schlägt auf den Esel ein. Da beginnt der Esel zu sprechen. Und auf einmal sieht auch Bileam den Engel, der ihnen im Weg steht. Und dieser spricht ihn an mit den Worten: „Warum hast du deinen Esel dreimal geschlagen? Ich bin dir feindlich in den Weg getreten, weil mir der Weg, den du gehst, zu abschüssig ist" (Num 22,32).

Der heilige Franziskus nannte seinen Leib den „Bruder Esel" und litt an schweren Krankheiten. Unser Körper zeigt uns also durch Beschwerden oder Krankheiten, dass der Weg, den wir gewählt haben, zu „abschüssig", zu steil, zu schwierig für uns ist. Aber wir wollen wie Bileam nicht auf den Leib hören, sondern schlagen ihn und drängen ihn, einfach weiterzugehen, weiter zu funktionieren. Es fällt uns schwer, uns einzugestehen, dass der eingeschlagene Weg an einer bestimmten Stelle endet – dass wir umkehren müssen. Wir empfinden das als Niederlage. Und die wollen wir uns nicht eingestehen. Doch Umkehren ist keine Niederlage, sondern ermöglicht uns, einen neuen Weg zu finden, der uns wirklich zum Ziel führt.

Natürlich ist es nicht einfach umzukehren. Aber wenn wir das bei unserem gemeinsamen Wanderurlaub einmal tun mussten, weil das Wetter oder die eigenen Kräfte nicht mitgespielt oder wir den Weg verfehlt hatten, dann haben wir die Situation meistens mit Humor bewältigt. Wir haben über unseren Rückzug oder den Umweg Witze gemacht. Und auf einmal waren alle fröhlich. Es hat uns nichts mehr ausgemacht, dass wir das Ziel nicht erreicht hatten. Wir haben uns dann umso mehr auf den Besuch im Café gefreut oder auf ein gutes Abendessen. Es gehört auch zur Lebenskunst, improvisieren zu können, die durchkreuzten Pläne in etwas Sinnvolles zu verwandeln und sich an den neuen Möglichkeiten zu freuen, die sich durch die frühzeitige Umkehr und Heimkehr ergeben. Wenn wir dann gemütlich beim Abendessen zusammensaßen, haben wir die Umkehr nicht als Niederlage empfunden, sondern als interessanten Weg, der uns neue Erfahrungen beschert hat.

Viele Menschen tun sich schwer, einen Irrweg kreativ umzudeuten oder ihn als Einladung zu neuen Erfahrungen zu sehen.

Ich habe, wie viele andere, in meinem Leben erfahren, dass es letztlich keine Umwege gibt, sondern nur verschiedene Wege zum Ziel, auch wenn diese Wege manchmal verschlungen sind. Selbst wenn wir auf unserem Weg ein Stück zurückgehen müssen, können wir das als Bereicherung erleben. Die Perspektive wechselt und wir sehen den Weg und die Landschaft mit anderen Augen. Wir erleben etwas, was wir sonst nicht erlebt hätten. Umkehren muss nicht Scheitern bedeuten, es kann auch ein Neuanfang werden.

In diesem Sinn des Neuanfangs hat auch Jesus oft von der Umkehr gesprochen, schon in seiner ersten Rede. Da sagt er: „Die Zeit ist erfüllt, das Reich Gottes ist nahe. Kehrt um und glaubt an das Evangelium!" (Mk 1,15). Es ist eine kurze Rede. Aber in diesen Worten ist alles gesagt. Der Grund umzukehren, von seinen alten Wegen abzulassen, ist, dass das Reich Gottes nahe ist.

In Jesus ist Gott uns nahegekommen. Jetzt hat es keinen Sinn mehr, die alten ausgetretenen Wege weiterzugehen. Wir sollen umkehren, einen andern Weg wagen, einen Weg, der zu Gott führt, der die Nähe Gottes ernst nimmt. Im griechischen Urtext steht hier das Wort *metanoeite.* Es heißt wörtlich übersetzt eigentlich: „Denkt um, denkt anders". Auch das gehört zur Umkehr: Wir kehren nicht nur körperlich um. Wir ändern auch unser Denken, bleiben nicht einfach bei den alten Gedanken. Wir halten inne, um unser Denken zu verwandeln. Es soll unserer Situation gerecht werden. Und diese Situation ist für Jesus, dass das Reich Gottes uns nahe ist, dass es jetzt Zeit ist, neu anzufangen und seinen Geist auf Gott hin auszurichten.

An die eigenen Grenzen kommen

In der Jugend kannten wir kaum Grenzen. Wir haben uns auf jeden Berg gewagt. Allerdings war uns die Grenze dann oft genug durch unsere mangelhafte Ausrüstung gesetzt. Ohne Seil, ohne Eispickel und ohne Steigeisen konnten wir zum Beispiel keinen größeren Gletscher begehen und mancher Felsgrat war nicht zu bewältigen. Im letzten Jahr vor meinem Klostereintritt hatten wir die Idee, mit unseren Rädern nach Zermatt im Wallis zu fahren und das Matterhorn zu besteigen.

Wir hatten uns viel vorgenommen, hätten jeden Tag über 200 km mit dem Rad fahren müssen, um rechtzeitig anzukommen und zur gegebenen Zeit zurück zu sein. Am ersten Tag machten wir uns schon um vier Uhr morgens auf den Weg. Doch es regnete und wir hatten heftigen Gegenwind. Bei der ersten Rast war uns die Lust vergangen. Einer von uns meinte, der Wetterbericht zeige, dass es die nächsten Tage so weiterregnen würde. Auf einmal spürten wir, dass wir uns mit unseren Plänen übernommen hatten. Wir kehrten um. Meine Mutter wunderte sich, dass wir schon um neun Uhr morgens wieder mit unseren Rädern auftauchten. Im Nachhinein haben wir uns oft gesagt: Es war gut, dass wir umgekehrt sind. Wir haben uns selbst überschätzt und unsere Grenzen nicht beachtet. Gott hat uns vor unserem eigenen Übermut bewahrt. Wer weiß, was sonst noch passiert wäre.

Je älter ich werde, desto deutlicher wird mir meine eigene Grenze bewusst. Ich habe nicht mehr den Ehrgeiz, an einem Tag über tausend Höhenmeter zu bewältigen. Dafür habe ich einfach keine Kondition mehr. Es ist wichtig, die eigenen Grenzen und Möglichkeiten realistisch einzuschätzen und die Touren danach zu planen. Auch meinen Geschwistern geht es ähnlich. Mit der Zeit mussten wir uns gemeinsam von manchem Ehrgeiz verabschieden. Obwohl wir die Routen so planen, dass wir uns den Weg gemeinsam zutrauen, gibt es immer wieder Situationen, die uns schmerzlich an unsere eigenen Grenzen erinnern.

Einmal sind wir zu einer großen Tour in den Schladminger Alpen gestartet. Doch an diesem Tag ging es mir nicht so gut. Bei der Brotzeit hatte ich keinen Appetit. Ich brachte mein Brot einfach nicht herunter. Während mein Bruder mit meiner Schwester den Gipfel bestieg, warteten meine Schwägerin und ich etwas unterhalb. Dann ging es wieder gemeinsam nach unten. Aber es war kein normaler Abstieg. Er forderte viel Kraft, weil man ständig über die Felsen springen musste. Wir machten eine kurze Pause, bevor es wieder ein Stück weit bergauf ging. Bei der Rast musste ich mich erbrechen, danach hatte ich fast keine Kraft mehr.

Eigentlich lag nur noch eine kurze steile Strecke vor uns. Mühsam schleppte ich mich, Schritt für Schritt, den Berg hinauf. Ich konnte einfach nicht mehr, schwankte beim Gehen und hatte großen Durst. Aber meine Feldflasche war leer.

Meine Geschwister bekamen Angst, die Kraftlosigkeit würde auf etwas Schlimmeres, auf eine Krankheit hindeuten. Doch als der Weg wieder eben wurde, ging es einigermaßen. Und beim Abendessen hatte ich sogar wieder Appetit. Am nächsten Tag konnte ich ganz normal weitergehen, als ob nichts gewesen wäre. Es war mir selbst unerklärlich.

Manchmal gibt es einfach Situationen, in denen man nicht die Kraft hat, die einem sonst zur Verfügung steht. Natürlich war mir diese Erfahrung eine Mahnung, mir nicht mehr zu viel zuzumuten. Allerdings hat sie mich nicht ängstlich gemacht, sondern nur gelehrt, besser auf mich zu hören und es mir früher einzugestehen, wenn ich nicht mehr kann, und dann auch die Konsequenzen zu ziehen.

Jeder kennt solche Situationen, in denen er an seine Grenzen kommt. Im Unternehmen wird mir beispielsweise eine Stelle angeboten, die durchaus reizvoll wäre. Doch wenn ich mich ehrlich anschaue, erkenne ich, dass sie über meine Kräfte geht. Ich würde immer am Limit arbeiten müssen. Und ich hätte Angst, die Erwartungen, die andere und ich selbst haben, nicht zu erfüllen.

Ich muss natürlich nicht jede Herausforderung sofort ablehnen, nur weil ich Angst davor habe. Es gibt eine Angstschwelle, die ich überschreiten kann. Dann eröffnen sich mir neue Perspektiven, und dann habe ich auch Lust, auf diesem Weg weiterzugehen. Es eröffnen sich mir vielleicht mehr Möglichkeiten, etwas zu gestalten, die Unternehmung mit meinen Ideen zu bereichern oder für unsere Gesellschaft als Ganzes etwas Sinnvolles zu bewirken. Aber es gibt auch eine Angst, die mir zeigt: Da ist meine Grenze. Wenn ich sie überschreite, überfordere ich mich und meine Familie. Ich tue mir selbst und anderen keinen Gefallen.

Eine Hilfe könnte sein, mir vorzustellen, dass ich die Stelle annehme. Welche Gefühle und welche Bilder tauchen dann in mir auf? Wenn ich nach der ersten Hemmschwelle das Gefühl habe, es weitet sich, es wächst mir neue Lust zu, dann darf ich es wagen, die Herausforderung anzunehmen. Aber wenn es im Hals eng wird, wenn ich das Gefühl habe, mich permanent zu überfordern, dann braucht es die Demut und die Ehrlichkeit, mir einzugestehen, dass ich dieses zunächst verlockende Angebot nicht annehmen kann.

Doch wir stoßen auch in anderen Situationen in unserem Leben immer wieder an Grenzen. In vielen Gesprächen erzählen mir Männer oder Frauen von ihrer Ehesituation. Mein erster Rat ist immer, mit einer anderen Einstellung den Weg in der Ehe weiterzugehen und sich gegenseitig eine Chance zu geben. Wenn man gemeinsam den Konflikt durchsteht, kann man daran wachsen und die Beziehung kann wieder gelingen. Aber es gibt auch da Grenzen. Wenn der eine Partner krank wird, weil er ständig entwertet und verletzt wird, wenn ihn alle Kraft verlässt, dann ist es angebracht, sich seine Grenze einzugestehen. Ich kann mir vielleicht eine Auszeit nehmen, um innerlich wieder zu Kräften zu kommen. Dann ist vielleicht ein neuer Anfang möglich. Oder aber es bleibt nur die Konsequenz, sich zu trennen. Natürlich sollte man das nicht leichtfertig tun. Aber es braucht auch die Demut zuzugeben, dass es einfach nicht mehr weitergeht. Wenn beide Partner sich das eingestehen, ohne sich gegenseitig Vorwürfe zu machen, dann ist oft nach der Trennung ein besseres und faireres Miteinander möglich. Doch es braucht ein ehrliches Betrauern, dass ein Lebenstraum zerbrochen ist. Man hatte alle Hoffnung auf den gemeinsamen Weg in der Ehe gesetzt. Diese Hoffnung ist jetzt zerbrochen. Das tut weh. Und man kann der Trauer nicht ausweichen. Sonst würde man die alten Fehler wiederholen.

Grenzerfahrungen machen auch viele Menschen, die sich für andere einsetzen. Das kann in der Familie, im Beruf oder in der Gemeinde sein. Es gibt Ehrenamtliche, die sich in wunderbarer Weise für andere und die Gemeinschaft einsetzen. Aber manchmal übersehen sie auch ihre Grenzen. Es gibt viele, die ihre Eltern liebevoll pflegen. Aber manchmal achten sie dabei nicht auf ihre begrenzten Kräfte. Ich erinnere mich an eine Frau, die ihre Mutter und ihren Vater zugleich pflegte. Sie hat sich für sie mit voller Kraft eingesetzt. Aber irgendwann verließ sie alle Energie. Sie spürte, dass sie immer gereizter wurde, dass Bitterkeit in ihr aufstieg.

Es ist gut, diese Gefühle ernst zu nehmen. Auch da kann ich überlegen, ob ich die Gefühle durch eine andere Einstellung zu der Situation überwinden kann oder ob sie mir hier eine klare Grenze aufzeigen: Wenn ich weitergehe, werde ich mir und den Menschen schaden, für die ich mich einsetze. Denn wenn die anderen meine Aggressionen spüren, wird ihnen mein Einsatz keine Hilfe sein, sondern eher eine Anklage.

Gerade Männer tun sich schwer, die eigene Grenze zu akzeptieren. An ihrem Arbeitsplatz haben sie den Ehrgeiz, den Kollegen und Chefs zu vermitteln, dass sie unbegrenzt belastbar sind. Wenn sie dann doch an Grenzen kommen, putschen sie sich mit Kaffee oder anderen Mitteln auf, um weiter leistungsfähig zu bleiben. Doch das Nichtbeachten der eigenen Grenzen führt leicht ins Abseits und vielleicht sogar in die Katastrophe.

Andere Männer tun sich schwer, sich gegenüber Erwartungen und Ansprüchen abzugrenzen, sowohl ihren eigenen als auch gegenüber den Erwartungen des Arbeitgebers, der Familie, des Freundeskreises oder der Gemeinde. Das hat sicher auch etwas damit zu tun, dass ich mir irgendwann eingestehen muss, dass ich älter werde, dass ich nicht mehr die Kraft habe, die mir noch vor zwanzig Jahren zur Verfügung stand. Doch nur, wenn ich mir meine Grenze eingestehe und auch vor anderen dazu stehe, wird mein Weg gut weitergehen. Dann werde ich auch im Alter noch ein Segen sein für andere, nicht so sehr durch meine Leistung als vielmehr durch mein Sein.

Flucht vor sich selbst

Es ist schön, immer wieder einmal miteinander oder auch allein zu wandern. Das Wandern macht etwas mit uns, ist heilsam für Körper und Seele. Es gibt jedoch auch Menschen, die das Wandern eher als Wettbewerb sehen, als eine Art Beweis für ihr eigenes Können und ihren Mut – oder als eine Möglichkeit, vor sich selbst und den eigenen Problemen zu flüchten. Sie nehmen das Wandern als Vorwand, um am Wochenende aus ihrem Alltag, aus ihrer Beziehung auszubrechen, und wählen irgendeine Tour, nur um nicht zu Hause sein zu müssen. Ich erlebe Ehemänner, die mit ihren alten Kameraden jedes Wochenende ins Gebirge gehen und ihre Familien allein lassen. Sie meinen, sie müssten sich selbst und ihren Freunden beweisen, dass sie noch genauso fit sind wie früher. Sie stellen sich nicht den Konflikten zu Hause, sondern schwärmen stattdessen von den Bergen. Das Wandern und Klettern tue ihnen gut, sagen sie. Sie bräuchten das unbedingt, damit sie die harte Arbeit unter der Woche bewältigen könnten.

So wichtig das Ausbrechen aus dem Alltag sein kann, liegt darin auch die Gefahr, dass es zur Flucht wird, vor allem dann, wenn man die Verantwortung für seine Familie dabei hintanstellt. Ich weiche aus. Es ist schön, einen Freundeskreis zu haben, mit dem man Klettertouren unternehmen und sich austauschen kann. Aber wenn der Freundeskreis wichtiger wird als die Familie oder als die Verantwortung für die Beziehung, dann stimmt etwas nicht mehr. Dann wird das Wandern zur Flucht vor dem Alltag. Ich werde dann nicht mit größerer Gelassenheit zurückkehren, sondern gar nicht wirklich in den Alltag eintauchen.

Es sind oft gerade die Männer, die jedes Wochenende aus der Familie ausbrechen. Es wäre wichtiger, wenn Väter stärker für ihre Kinder präsent wären und mit ihnen etwas unternehmen würden. Kinder brauchen ihren Vater, der ihnen den Rücken stärkt und Zeit für sie hat. Vielleicht sind sie auch für das Wandern zu begeistern. Aber sicherlich wird es Abstriche geben, da man die Touren an die Kondition und das Alter der Kinder anpassen muss.

Natürlich gibt es auch Frauen, die so denken. Mir hat ein Mann, mit dem ich ein Beratungsgespräch geführt habe, erzählt, dass seine Frau das Klettern neu für sich entdeckt hat. Sie ist sportlich noch leistungsfähiger als er und hatte das Gefühl, dass sie nun jedes Wochenende mit einer Gruppe ins Gebirge gehen und Klettertouren machen müsste. Dass ihr Mann in dieser Zeit zu Hause saß, weil er das nicht mitmachen konnte, interessierte sie nicht. Sie war so fasziniert vom Klettern, dass sie sich selbst und ihrem Kletterkreis beweisen musste, wozu sie fähig war. Auf die Bedürfnisse ihres Mannes hörte sie nicht mehr. Sie war der Überzeugung, dass er ihr das gönnen müsse. Solche Faszination kann blind machen für die eigentlichen Bedürfnisse im Leben. Wenn das Hobby zur Flucht wird, dann ist es nicht mehr heilsam, weder für einen selbst noch für die anderen, vor denen man damit flieht. Vielleicht wäre es für die persönliche Entwicklung viel hilfreicher, sich Zeit zu nehmen, innezuhalten, still zu werden und in sich hineinzuhorchen: Stimmt das Leben so noch für mich? Folge ich wirklich dem, was meine Seele mir sagt?

Ob mein Wandern Flucht vor dem Alltag ist oder ob es zum Segen wird für mich und meine Familie, zeigt sich an der Art des Nach-Hause-Kommens. Wenn ich von der Wanderung verwandelt zurückkomme und mich gerne auf meine Familie einlasse, dann war es keine Flucht. Es gibt aber viele, die heimkommen und schon gleich die nächste Tour planen. Anstatt sich auf den Alltag, die Mitmenschen, die Familie einzulassen und ganz präsent zu sein, fliehen sie in Gedanken schon wieder nach draußen. Das Unterwegssein braucht einen Schlusspunkt: Ich komme nach Hause, ich komme bei mir selbst an und bei den anderen. Ich bin dann ganz da für sie, interessiere mich für das, was sie während meiner Abwesenheit erlebt haben. Und ich teile mit ihnen mein Leben, meine Erfahrungen.

Gefahren auf dem Weg

Einmal wurden wir unterwegs von einem heftigen Regen überrascht. Er hörte gar nicht mehr auf. In kurzer Zeit waren alle Wege überflutet und wir hatten den Eindruck, dass wir nicht mehr weitergehen konnten, denn man drohte überall abzurutschen. Gott sei Dank fanden wir dann einen breiteren Schotterweg. Aber auch hier lief das Wasser in Strömen. Zudem mussten wir noch einen breiten Bach überqueren, den wir beim Aufstieg mühelos überwunden hatten. Jetzt war er zu einem reißenden Sturzbach angewachsen; die Steine, die uns auf dem Hinweg Trittsicherheit gegeben hatten, waren in den Fluten verschwunden, und wir bekamen Angst, dass wir den Bach nicht mehr überwinden könnten. Nur mit Mühe gelangten wir auf die andere Seite.

Ein harmloser Weg kann schnell zu gefährlichem Terrain werden, das haben wir an diesem Tag erkannt. Ein anderes Mal überraschte uns ein Gewitter. Wir waren noch auf offenem Feld, von keinem Wald geschützt, und hatten ziemlich große Angst, vom Blitz getroffen zu werden.

Als Jugendliche hatten wir noch keine wirklich gute Ausrüstung, sondern nur unseren Anorak und unsere

Wanderschuhe. Wir wollten damals den Schwarzenstein besteigen. An diesem Tag herrschte starker Nebel. Auf einem Schneefeld verlor ich auf einmal den Halt, ich rutschte aus und entschwand den Blicken meiner Geschwister. Meine Geschwister riefen besorgt nach mir. Aber ihre Stimmen erreichten mich nicht, der Nebel trennte uns. Gott sei Dank konnte ich mich am Hang im Schnee festkrallen. Und als ich wieder festen Halt gefunden hatte, kletterte ich langsam das rutschige Gelände hinauf. Meine Geschwister waren froh, als ich endlich aus dem Nebel heraus auftauchte. Alle waren dankbar, dass Gott mich da vor einem Absturz bewahrt hatte. Wir gingen dann vorsichtig weiter und erreichten die Schwarzensteinhütte. An diesem Tag waren wir die einzigen Wanderer, die unterwegs waren. Der Wirt riet uns ab, auf den Gipfel zu gehen, weil der Nebel so dicht sei, dass wir sowieso von dort oben keine Aussicht haben würden. Nachdem wir die eine Gefahr gut überbestanden hatten, wollten wir auch keine neue mehr auf uns nehmen. Wir kehrten also um und stiegen, dankbar über den Schutzengel, der uns beigestanden hatte, ins Tal ab.

Auf jedem Weg lauern Gefahren, gerade in den Bergen, zum Beispiel ein Steinschlag, den vielleicht andere Wanderer losgetreten haben. Ein Mann erzählte mir von seiner Tochter, einer erfahrenen Bergsteigerin, die in einer Gruppe ging, der sie voll vertrauen konnte. Doch an einer Stelle war wohl der Fels brüchig geworden. Und als der Erste am Seil einen Haken in der Wand anbringen wollte, löste sich ein Stück des Felsen und tötete die Tochter. Es schien alles so sicher zu sein: eine ganz normale Tour, erfahrene Bergsteiger, eine eingespielte Gruppe. Und doch lauerte da eine tödliche Gefahr.

Die Gefahren, die uns auf unseren Wanderungen begegnen, erinnern uns daran, dass unser Leben auch sonst nicht ungefährlich ist. Täglich erleben wir die Gefahren im Straßenverkehr: jemand, der unsere Vorfahrt missachtet, ein anderer, der plötzlich vor uns heftig bremsen muss, weil ein Tier über die Straße läuft – oder jemand, der mit viel zu hohem Tempo unterwegs ist und die Kontrolle über seinen Wagen verliert.

Wenn wir einsteigen, wissen wir um die Gefahren, aber sie sind erst dann wieder wirklich präsent, wenn ein unerwartetes Ereignis eintritt. Erleichtert atmen wir auf, wenn dann nichts passiert ist.

Aber auch im Alltag gibt es scheinbar harmlose Situationen, die zur Gefahr werden: Man hat festgestellt, dass die meisten tödlichen Unfälle im Haushalt passieren.

Eine Frau erzählte mir von ihrem Unglück: Sie rutschte aus und fiel mit dem Gesicht ungünstig auf eine Tischkante. Dabei brach sie sich einige Zähne ab und aus und hatte lange damit zu tun, bis alles abgeheilt und wiederhergestellt war. Einige Wochen lang konnte sie nur Flüssignahrung zu sich nehmen. Die Aufzählung ließe sich lange fortsetzen. Auch bei der Arbeit ereignen sich immer wieder Unfälle, weil wir eine Gefahr nicht richtig eingeschätzt haben.

Einige Gefahren kommen von außen auf uns zu, andere auch von innen. Zum Beispiel die Gefahr, dass wir die Herrschaft über uns selbst verlieren. Wir sind den Herausforderungen unseres Alltags nicht mehr gewachsen. Unsere Seele reagiert darauf mit einer Depression, einem Burn-out. Wir haben die Gefahr übersehen, die darin steckt, dass wir immer gereizter wurden, immer weniger schlafen konnten. Auf einmal stecken wir in großer Bedrängnis. Deshalb ist es wichtig, dass wir unsere Kräfte gut einschätzen und auf die inneren Alarmzeichen hören, die uns sagen wollen: Kehr um, das ist nicht der richtige Weg für dich.

Allein unterwegs

Ins Gebirge gehe ich heute nicht mehr allein. Das ist mir zu gefährlich. Aber früher habe ich öfter auf dem Winkelhof im Steigerwald allein Urlaub gemacht und mich dabei selbst versorgt. Dann bin ich stundenlang alleine gewandert. Die Wege dort sind nicht gefährlich, ich musste nur aufpassen, dass ich mich nicht verlaufe. Ich habe immer eine Wanderkarte bei mir gehabt, um mich zu orientieren. Damals gab es noch keine Handys. Heute könnte man damit im Fall des Falles Hilfe herbeirufen. Aber auf diese Idee bin ich damals gar nicht gekommen. Ich fühlte mich sicher.

Alleine unterwegs zu sein, hat einen eigenen Reiz. Ich lasse mich ganz auf das Gehen ein. Und ich nehme die Landschaft bewusst wahr, bestaune die Schönheit des Waldes. Im Steigerwald waren es vor allem Buchenwälder, die mich mit ihren hochstrebenden glatten Stämmen an eine gotische Kirche erinnern. In solchen Momenten bin ich ganz in meinen Sinneswahrnehmungen abgetaucht. Ich höre das Rauschen der Blätter im Wind, das Zwitschern der Vögel, das Trommeln des Spechtes.

Auf einsamen Wanderungen kann ich auch meinen Gedanken nachhängen. Ich denke darüber nach, wie weit mein (Lebens-)Weg noch stimmt, ob ich einfach so weitergehen oder ob ich etwas in meinem Leben verändern, andere Schwerpunkte setzen soll.

Ich frage mich, was Gottes Gedanke für mich ist. Wohin will er mich führen? Wohin soll ich gehen? Aber ich bleibe nicht bei mir selbst stehen und überlege mir in solchen Moment auch immer wieder, was die Menschen heute wirklich brauchen. Was ist ihre tiefste Sehnsucht? Wie soll ich mit meinen Vorträgen und Büchern auf ihre Sehnsucht antworten? Was sagt der christliche Glaube den Menschen von heute?

Ich denke dann auch daran, dass Jesus selbst ein großer Wanderer war. Der Evangelist Lukas stellt ihn sogar als göttlichen Wanderer dar. Jesus ist immer unterwegs. Auf seinem Weg begegnet er Menschen, die ihm nachfolgen wollen. Und er selbst kehrt unterwegs immer wieder bei Freunden ein: bei Marta und Maria, aber auch bei Zöllnern und Sündern wie dem Oberzöllner Zachäus.

Dann kommt mir die Emmausgeschichte in den Sinn (Lk 24,13–29). Zwei Jünger wandern gemeinsam nach dem Kreuzestod Jesu nach Emmaus, einem kleinen Dorf. Sie sind sehr traurig, dass Jesus gestorben ist. Ihr Wandern ist in diesem Moment eine Flucht vor den Enttäuschungen, die sie erlebt haben. Doch dann gesellt sich ein Dritter hinzu, es ist Jesus, aber sie erkennen ihn nicht. Er hört ihnen zu. Und dann zeigt er ihnen anhand von vielen Schriftstellen auf, dass ihre Enttäuschung über sein Schicksal einer Täuschung über seinen Auftrag und seine Berufung entspringt. In Wirklichkeit ist das Schicksal Jesu der Schrift gemäß, ja es erfüllt viele prophetische Aussagen aus dem Alten Testament. Jesus öffnet den Jüngern die Augen. Und er spricht so mit ihnen, dass ihnen ganz warm wird, sodass sie im Rückblick sagen: „Brannte uns nicht das Herz in der Brust, als er unterwegs mit uns redete und uns den Sinn der Schrift erschloss?“ (Lk 24,32).

Ich stelle mir bei meinen einsamen Wanderungen vor, wie Jesus mir den Sinn der Schrift erschließt und wie er mir den Sinn und die Aufgabe meines Lebens erklärt. Manchmal stelle ich mir aber auch vor, dass ich mit suchenden Menschen an meiner Seite gehe: Menschen, die ich einmal begleitet habe und denen ich nicht die Antwort geben konnte, die mich selbst und sie befriedigte.

Beim Wandern überlege ich mir, wonach sich diese Menschen wirklich gesehnt haben, was ihre eigentlichen Fragen waren. Und ich überlege mir, wie ich ihnen antworten könnte. Beim Gehen kann ich kreativ denken. Da kommen mir oft Gedanken, die mir am Schreibtisch nicht einfallen.

Auch wenn ich im Gebirge immer zusammen mit meinen Geschwistern wandere, brauche ich unterwegs oft Zeiten, in denen ich alleine und schweigend gehe. Ich spüre den Schritt meiner Geschwister neben mir. Aber ich habe das Bedürfnis, nicht zu reden. Auch dann kommen mir häufig neue Gedanken. Und ich nehme nicht nur die Landschaft intensiver wahr. Ich spüre auch immer wieder in mich hinein: Stimmt mein Weg? Was will Gott heute von mir? Mein Gehen allein ist ein Suchen nach dem stimmigen Weg, der mich heute zu Gott und zu den Menschen führt. Nach einem Weg, der in die Lebendigkeit, die Freiheit, den Frieden und die Liebe hineinführt.

Manche Wege müssen wir allein gehen. Wir haben Freunde oder die Familie, die uns tragen. Aber wichtige Entscheidungen müssen wir oft alleine treffen. Selbst in der Gemeinschaft gibt es immer auch das Alleinsein. Und nur wenn ich das gut aushalten kann, freue ich mich anschließend wieder über das Miteinander. Dann „kleben" wir nicht aneinander, sondern begegnen uns als eigenständige Persönlichkeiten.

Viele Wege muss ich auch deshalb allein gehen, um allein vor Gott zu überlegen, was für mich stimmt und was er mir sagen will. Und auch den letzten Weg, der uns durch die Pforte des Todes führt, muss jeder ganz allein gehen. Wir sehnen uns danach, dass andere uns im Sterben begleiten und uns nicht allein lassen. Aber wenn die Pforte des Todes durchschritten wird, lassen wir die anderen zurück und gehen allein in das Unbekannte hinein, von dem wir hoffen, dass es das ewige Licht ist und die Liebe, die stärker ist als der Tod.

KAPITEL 5

Biblische Bilder

Zum Schluss meiner Betrachtungen über meine Wanderungen möchte ich noch einige biblische Texte zum Thema Weg und Berg meditieren. Sie wollen die Gedanken, die mir beim Wandern gekommen sind, fortführen. Ich verstehe sie als eine Einladung, das Geheimnis des Weges und der Berge von einer anderen Warte aus zu betrachten und uns vom Wort Gottes sagen zu lassen, worauf uns der Weg und die Berge verweisen wollen.

Die biblischen Aussagen können einerseits die eigenen Erfahrungen ergänzen. Sie können einem aber auch die Augen öffnen für das Geheimnis des Wanderns, bevor man sich auf den Weg macht.

„Ich bin der Weg und die Wahrheit und das Leben"

Jesus sagt von sich: „Ich bin der Weg und die Wahrheit und das Leben" (Joh 14,6). Wir können dieses Wort verschieden auslegen. Zum einen identifiziert sich Jesus mit dem Weg. Wenn ich auf ihn schaue, erkenne ich meinen Weg. Und ich kann nicht auf Jesus schauen, ohne in Bewegung zu kommen. Da bewegt sich etwas in mir. Jesus fordert mich heraus, einen Weg zu gehen. Er selbst ist der Weg.

Beim Gehen kann ich mir daher immer wieder vorstellen: Jesus selbst ist der Weg, den ich jetzt unter meinen Füßen habe. Dieser Weg führt mich gemeinsam mit ihm in immer größere Lebendigkeit, Freiheit, Liebe und Frieden. Jesus zu folgen, heißt für mich, immer weiter zu gehen, bis ich ihn in mir finde – und so letztlich zu mir selbst gelange – zum Kern meines Seins. Auf diesem Weg erfahre ich Jesus als das wahre Leben. Seine Worte machen mich lebendig. Jesus gibt mir Anteil an seinem göttlichen Leben, das nicht ermüdet, auch nicht durch anstrengendes Wandern. Denn es ist das immer neue Leben Gottes, das durch Jesus in mich einfließt.

Jesus ist die Wahrheit. Wenn ich auf ihn schaue, geht mir die Wahrheit auf. Die Wahrheit heißt im Griechischen *aletheia*. Das meint eigentlich Unverborgenheit. Der Schleier, der über allem liegt, wird weggezogen, und ich blicke durch. Ich schaue in den Grund der Welt. Mir geht die Wahrheit der Welt auf, aber auch meine eigene. Ich kann nicht auf Jesus schauen, ohne auf all die Emotionen und Leidenschaften zu blicken, die in mir auftauchen. Diese Wahrheit halte ich Jesus hin und vertraue darauf, dass die Wahrheit – wie er selbst gesagt hat – mich frei machen wird (vgl. Joh 8,32).

Man kann dieses Wort Jesu aber auch noch anders erklären: Wenn ich auf dem Weg bin, verstehe ich auch, wer Jesus ist. Immer wenn ich innerlich in Bewegung bin, komme ich Jesus nahe. Auf dem Weg werde ich offen für das Geheimnis Jesu, da kann ich seine Botschaft auf neue Weise verstehen. Solange ich in Bewegung bin, bewege ich mich auf ihn zu. Sobald ich stehen bleibe, wenn ich erstarre, entferne ich mich von Jesus. Und dort, wo ich lebendig bin, wo das Leben in mir aufblüht, wo ich mich leidenschaftlich für etwas oder jemanden einsetze, dort verstehe ich auch, wer er ist. In meiner Lebendigkeit begegne ich Jesus, habe ich teil an ihm. Dort, wo mir die Wahrheit meines Lebens, die Wahrheit über die

Welt aufgeht, dort bin ich Jesus nahe, dort habe ich Anteil an ihm.

Das Bild des Weges spricht die menschliche Sehnsucht nach Orientierung im Durcheinander dieser Welt, nach Sinn in der Sinnlosigkeit an. Es geht darum, den richtigen Weg unter vielen Möglichkeiten zu wählen, die sich uns damals wie heute anbieten. Die Frage nach dem richtigen Weg ist die Frage nach dem Sinn und Ziel unserer Existenz. Jesus antwortet auf meine Fragen mit seinen „Ich-bin"-Worten. Diese sind typisch für das Johannesevangelium. Sie erinnern an die Offenbarung Gottes gegenüber Mose am brennenden Dornbusch (Ex 2,23-4,18). Johannes kennt sieben „Ich-bin"-Worte.

Sieben ist die Zahl der Verwandlung. Und es sind sieben archetypische Bilder, mit denen Jesus sich in den Texten des Neuen Testaments identifiziert: Jesus bezeichnet sich als den wahren Weinstock, als lebendiges Wasser, als das Brot, das vom Himmel herkommt. Er ist der gute Hirte und die Tür zum Leben, das Licht der Welt und der Weg, die Wahrheit und das Leben. Es sind Bilder, die unsere Sehnsucht nach gelingendem Menschsein ausdrücken. Johannes will den Lesern seines Evangeliums damit sagen: Jesus erfüllt eure Sehnsucht nach Weisheit, nach Leben, nach Wahrheit, nach Liebe und Sinn. Ihr braucht an keinem anderen Ort zu suchen.

Wenn ich schweigend gehe, sage ich mir manchmal das Wort Jesu vor: „Ich bin der Weg, die Wahrheit und das Leben.“ Ich spüre dann, dass ich dieses Wort nicht rein rational erklären kann. Alle exegetischen Versuche, es zu deuten, greifen zu kurz, berühren mein Herz zu wenig. Doch wenn ich bewusst mit diesen Worten gehe, dann begreife ich im Unterwegssein, was sie mir sagen möchten, dann erspüre ich sie sozusagen mit meinem Leib. Schritt für Schritt gehe ich in das Geheimnis dieser Worte hinein, wird mein Leben zu einem Weg, eröffnen sich mir immer wieder die Wahrheit meines Lebens und die Wahrheit der Welt. Hier erfahre ich wahres Leben. Im Gehen fühle ich mich lebendig. Und wenn ich dieses Leben, das ich in mir spüre, bedenke, erfahre ich in dieser Lebendigkeit Jesus selbst als den, der in mir ist und der mich auf meinem Weg begleitet. Jesus führt mich ein in das Geheimnis Gottes und in das Geheimnis meines Lebens.

„Ich hebe meine Augen auf zu den Bergen“

In der Mittagshore der Benediktiner singen wir im Kloster die Wallfahrtspsalmen, die im Psalterium stehen (Ps 120-134). Wenn ich im Gebirge wandere, fällt mir manchmal der eine oder andere Vers ein. Vor allem Psalm 121 beschreibt meine Erfahrung unterwegs, wenn ich immer wieder aufschaue zu dem Gipfel, der vor mir liegt. Hier heißt es:

Ich hebe meine Augen auf zu den Bergen:
Woher kommt mir Hilfe?
Meine Hilfe kommt vom Herrn,
der Himmel und Erde gemacht hat.
Er lässt deinen Fuß nicht wanken;
er, der dich behütet, schläft nicht.
Nein, der Hüter Israels schläft und schlummert nicht.
Der Herr ist dein Hüter, der Herr gibt dir Schatten;
er steht dir zur Seite.
Bei Tag wird dir die Sonne nicht schaden
noch der Mond in der Nacht.
Der Herr behüte dich vor allem Bösen,
er behüte dein Leben.
Der Herr behüte dich, wenn du fortgehst und
wiederkommst, von nun an bis in Ewigkeit.

Wir singen diesen Psalm auch beim großen Reisesegen, wenn also ein Mitbruder nach Afrika oder Korea in sein Missionsgebiet fliegt oder wenn ein anderer eine größere Reise unternimmt.

Wenn ich im Gebirge wandere, passt dieser Psalm wie kein anderer. Das Aufschauen zu den Bergen ist dann nicht nur ein Bewundern der Schönheit in meiner Umgebung, sondern es wird zu einem Aufschauen zu Gott. Von oben her kommt mir die Hilfe, das ist eine tiefe Erfahrung.

Die Griechen haben das Wort *anablepein*, „aufschauen", immer auch als spirituelles Schauen verstanden. Ich schaue auf zum Himmel, auf zu Gott, der mir Hilfe sendet. Lukas verwendet dieses Wort auch in der Zachäusgeschichte (Lk 19,1-10). Da schaut Jesus zu Zachäus auf, der auf den Maulbeerfeigenbaum geklettert war, um ihn von oben herab zu beobachten. Jesus, der Sohn Gottes, schaut auf zum Sünder. Er sieht den Himmel in dem, den die frommen Pharisäer als Sünder bezeichneten.

So will das Aufschauen zu den Bergen auch meinen Blick auf die Menschen verwandeln. Ich soll auch zu den Menschen aufschauen und in ihnen den Himmel erblicken.

Das weitet meine Sicht. Der andere, dem ich derart begegne, erscheint mir in einem neuen Licht.

Der Psalm spricht auch vom Schutz, den Gott uns auf dem Weg gewährt. Er lässt unseren Fuß nicht wanken. Wir knicken nicht ein, wenn wir im Vertrauen auf Gott unseren Weg gehen. Gott ist zudem der Schatten, der uns bedeckt und uns vor allzu heißem Sonnenschein bewahrt. Von Gott wird hier auch gesagt, dass er mein Gehen und Kommen behütet. All meine Schritte sind von ihm beschützt. Das befreit mich vom ängstlichen Sorgen darum, ob ich den Weg schaffen kann. Gott geht mit mir. Er behütet mich auf all meinen Wegen.

In einem anderen Wallfahrtspsalm wird das „Erheben der Augen“ direkt auf Gott bezogen. So beginnt der Psalm 123:

Ich erhebe meine Augen zu dir,
der du hoch im Himmel thronst.
Wie die Augen der Knechte auf die Hand ihres Herrn,
wie die Augen der Magd auf die Hand ihrer Herrin,
so schauen unsre Augen auf den Herrn,
unsern Gott, bis er uns gnädig ist.

Wenn wir die Augen nach oben richten, um auf den Berg zu schauen, der vor uns liegt, ist es immer zugleich ein Erheben unserer Augen zu Gott, ein Schauen, das mit der Hoffnung verbunden ist, dass Gott uns gnädig ist, dass er uns mit seiner Liebe und Zärtlichkeit umgibt.

„In diesen Tagen ging er auf einen Berg, um zu beten"

Der Evangelist Lukas erzählt uns, dass Jesus gerne auf einen Berg stieg, um zu beten. An einer Stelle heißt es: „In diesen Tagen ging er auf einen Berg, um zu beten. Und er verbrachte die ganze Nacht im Gebet zu Gott" (Lk 6,12). Offensichtlich braucht Jesus den Abstand von den Menschen, um allein auf dem Berg Gott näher erfahren zu können. Er bleibt die ganze Nacht auf dem Berg, um allein mit Gott zu sein. So öffnet er sich in besonderer Weise Gott gegenüber. Aber dieses Öffnen für Gott ist nicht nur ein mystisches Einswerden mit ihm. Vielmehr reift in diesem nächtlichen Beten auf dem Berg in Jesus die Klarheit, wen er in seinen engeren Kreis als Apostel aufnehmen will. So heißt es weiter im Text: „Als es Tag wurde, rief er seine Jünger zu sich und wählte aus ihnen zwölf aus; sie nannte er auch Apostel" (Lk 6,13).

Das Gebet auf dem Berg zeigt Jesus, wie er unter den Menschen wirken und leben will. Er wählt zwölf Apostel aus. Lukas denkt sich das so, dass die Jünger in der Nähe Jesu übernachtet haben. Nach dem Gebet erkennt er, wer in seinen engeren Kreis passt, und er spricht die Einzelnen an: Menschen von ganz verschiedenem Charakter, die aus unterschiedlichen sozialen Milieus stammen.

Dann steigt Jesus mit seinen Jüngern ins Tal. Dort ist eine große Ebene, auf der viele Menschen zusammenströmen. Jesus beginnt dort seine große Rede. Sie ist im Lukasevangelium ähnlich wiedergegeben wie die Bergpredigt bei Matthäus. Doch bei Lukas spricht man von der Feldrede, weil sie eben auf einem Feld oder in der Ebene stattfindet.

Man könnte sagen: Jesus steigt zu den Menschen hinab. Er spricht sie unmittelbar an, redet mit ihnen auf Augenhöhe. Der Aufstieg auf den Gipfel des Berges und das Gebet dort oben haben ihn verwandelt. Jetzt sieht er ganz klar, was seine Berufung ist: zu den Menschen hinunterzusteigen, mit ihnen unterwegs zu sein und mit ihnen ins Gespräch zu kommen. Er hält ihnen keine Predigt, in der er ihnen den Weg des gelingenden Lebens aufzeigt. Er spricht sie vielmehr in der zweiten Person an. Er spricht vom „Du", und von „Ihr". Jeder Einzelne ist angesprochen: Ich meine dich ganz persönlich. Wenn ich dich ansehe, wenn ich mich in dich hineinfühle, dann spüre ich, dass das oder jenes dir guttäte, dass in dir viele Möglichkeiten stecken. Und ich möchte diese Möglichkeiten und Fähigkeiten in dir aufwecken, damit du so lebst, wie es deinem wahren Wesen entspricht.

Dass Jesus hinabsteigt zu den Menschen und sie ganz persönlich anspricht, ist auch ein Bild für unser

Hinabsteigen. Hinab von unseren Gipfelerlebnissen, unseren Erfolgen: Wenn wir unten im Tal nur von unseren Bergerfahrungen erzählen und damit angeben, stellen wir uns über die anderen. Unser Bergsteigen wird nur dann zum Segen für uns und die Menschen, wenn wir wie Jesus hinabsteigen und dann aus der Erfahrung des Weges heraus unsere Entscheidungen für das Leben treffen, uns ganz auf die Menschen einlassen, mit denen wir leben. Wir sollen nicht von oben herab auf sie einreden, sondern auf gleicher Augenhöhe mit ihnen ins Gespräch kommen, uns auf sie mit ihren Sorgen und Nöten einlassen und ihnen das Vertrauen und die Zuversicht zusprechen, die wir selbst auf dem Berg, auf der Höhe unseres Erfolges erfahren durften.

Wenn Jesus auf den Berg steigt, um zu beten, dann zieht er sich von den Menschen zurück, steigt vom Lärm des Tales auf an einen Ort der Stille. Er möchte die Stille wahrnehmen und hier seinen Vater erfahren. Beides ist hilfreich: das Sichzurückziehen an einen Ort der Stille und das Aufsteigen. Das heißt: Ich suche einen höheren Stand, um von dort her auf den Alltag schauen zu können.

Das geschieht auch, wenn wir selbst beten. Wir ziehen uns dazu meist zurück. Im Matthäusevangelium sagt

Jesus, wir sollten im Verborgenen beten. Der Berg, die Einsamkeit des Gipfels, bietet uns einen solchen Raum der Verborgenheit, aber auch der Geborgenheit, wo wir besonders deutlich Gottes Nähe spüren können. Im Gebet wollen wir unsere Seele zu Gott erheben. Das wird durch das Aufsteigen symbolisiert. Unser Geist richtet sich nach oben, zu Gott. Dieses Sicherheben befreit uns vom Verhaftetsein in den irdischen Geschäften.

Wir brauchen das Gebet als den Ort des Rückzugs und der inneren Freiheit von allem, was uns sonst im Alltag in Beschlag nimmt. Dann erfahren wir das Gebet nicht als eine Pflicht, sondern wie Jesus als eine Wohltat. Vielleicht lassen wir uns dann auch mehr Zeit zum Gebet.

Jesus betet die ganze Nacht. Beten ist Wachen und Wachwerden: Es weckt uns auf vom Schlaf der Illusionen, mit denen wir uns eingelullt haben. Das Wachsein vor Gott öffnet uns die Augen, damit wir unser Leben von Gott her mit neuen Augen anschauen können.

„Stell dich auf den Berg vor den Herrn“

Das Alte Testament erzählt im ersten Buch der Könige die Geschichte des Propheten Elija: Er hatte allein gegen 450 Baalspriester gekämpft und gewonnen. Aber er konnte seinen Sieg nicht genießen. Gerade auf dem Höhepunkt seines Erfolges geriet er in eine tiefe Depression. Er legte sich in der Wüste unter einen Wacholderstrauch und wollte sterben, weil er erkannte, dass er nicht besser war als seine Väter und eigentlich genauso dachte wie die Baalspriester, die er bekämpft hatte. Ein Engel Gottes entdeckte ihn in seiner Depression und rüttelte ihn zweimal auf: „Steh auf und iss! Sonst ist der Weg zu weit für dich“ (1 Kön 19,7).

Vierzig Tage war er durch die Wüste gewandert bis zum Gottesberg Horeb. „Dort ging er in eine Höhle, um darin zu übernachten“ (1 Kön 19,9). Die Höhle ist ein Bild für den Mutterschoß. Nach seiner Auseinandersetzung mit den Baalspriestern sehnte sich Elija danach, endlich auszuruhen und im mütterlichen Bereich der Höhle Geborgenheit und Schutz zu finden. Doch Gott lockt und ruft ihn: „Komm heraus und stell dich auf den Berg vor den Herrn!“ (1 Kön 19,11).

Der Prophet konnte sich dann nicht länger zurückziehen. Er musste sich seiner eigenen Wahrheit stellen. Und er musste sich vor Gott stellen, sich von Gott infrage stellen lassen und Verantwortung vor Gott übernehmen. Sich auf den Berg zu stellen, heißt deshalb auch: sich dem Leben zu stellen mit seinen Herausforderungen, anstatt nur auf die eigenen Bedürfnisse zu schauen.

Wer auf den Berg geht, gibt seine Zuschauerrolle auf. Er stellt sich unmittelbar den Strapazen einer Bergwanderung, gibt seine „Komfortzone" auf. Er stellt sich der eigenen Wahrheit. Und lässt sich von Gott infrage stellen.

Der Prophet Elija erfährt auf dem Berg, wer Gott eigentlich ist. Gott nimmt ihn in die Schule. Er zeigt ihm auf, wo der Prophet ein falsches Selbstbild und ein falsches Gottesbild hatte. Denn Gott ist nicht der Sturm, der alles, was uns im Weg steht, wegbläst (vgl. 1 Kön 19,11). Vor Gott stehen heißt auch: zu mir selbst stehen, für mich einstehen, zu meiner Wahrheit stehen. Gott ist nicht das Erdbeben, das alles zerbricht, was der Mensch aufgebaut hat (vgl. 1 Kön 19,12).

In mir ist manchmal auch der Wunsch, dass Gott dreinfahren möchte, wo Menschen Unrecht begehen, wo sie andere unterdrücken und grausam töten, wo sie Terror und Angst verbreiten. Doch Gott dient nicht meinen eigenen Wünschen nach Macht. Und Gott ist nicht im Feuer (vgl. 1 Kön 19,12).

Das Feuer ist ein Bild für das absolut Reine. Gold wird darin geläutert. Im Feuer drückt sich meine Sehnsucht aus, perfekt, absolut rein zu sein. Doch ich muss mich damit aussöhnen, dass ich durchschnittlich bin und nicht perfekt, dass ich nicht rein bin, sondern dass alle meine guten Absichten immer auch mit egoistischen Motiven vermischt sind. Gott erscheint Elija in einem sanften, leisen Säuseln (vgl. 1 Kön 19,13). Ein wunderbares Bild.

In der Stille begegnet uns Gott. Und auch wir müssen still werden, um uns selbst so zu erfahren, wie wir von Gott gedacht sind. Die Stille ist der Ort, an dem wir offen werden für Gott. Stille heißt: stehen bleiben, sich stellen. Wenn ich stehen bleibe, dann erhebt sich in meiner Seele ein Sturm von Gedanken, dann erfahre ich in meinem Innern ein Erdbeben, und dann brennt es in mir wie Feuer. Doch nur, wenn ich stehen bleibe und all das aushalte, was sich da in meiner Seele tut, werde ich Gott erfahren als den, der mich in der Stille anspricht. Hier verstummen alle meine Gedanken, die ich mir über Gott mache, lösen sich alle meine Bilder von Gott auf, und ich erahne das Geheimnis des unbegreiflichen Gottes.

Wenn ich auf einem Berg stehe, wenn ich mich dem Wind aussetze, der mich umweht, dann ahne ich etwas von der Erfahrung, die der Prophet Elija auf dem Berg Horeb gemacht hat. Ich stehe zu mir mitten im Sturm. Ich stelle mich der Verantwortung für mein Leben. Und wenn ich auf dem Gipfel stehe, mitten in einer weiten Landschaft, dann lösen sich alle Bilder auf, die ich mir von mir selbst gemacht habe: die der Selbstentwertung, aber auch die der Selbstüberschätzung. Ich stehe einfach da, ohne zu wissen, was das tiefste Geheimnis meiner Person ist. Ich überlasse mich der Weite. Meine Rollen, die ich sonst spiele, sind nicht mehr wichtig. Ich bin einfach da als dieser einzigartige Mensch.

Wenn ich auf dem Berg stehe, lösen sich auch alle meine Bilder von Gott auf. Ich schaue auf seine wunderbare Schöpfung und ahne, wer dieser Gott ist, der all das Schöne geschaffen hat, kann mir aber kein konkretes Bild mehr von ihm machen. Gott ist jenseits aller Bilder. Auf dem Gipfel bin ich offen für den Gott, den kein Bild einfangen kann, der mich in der Stille berührt mit dem sanften und zärtlichen Wehen seines Geistes.

„Dann tragen die Berge Frieden für das Volk und die Höhen Gerechtigkeit“

In den Psalmen ist oft die Rede von den Bergen. Psalm 15 beginnt mit der Frage: „Herr, wer darf Gast sein in deinem Zelt, wer darf weilen auf deinem heiligen Berg?“ (Ps 15,1). Und der Beter antwortet sich selbst:

„Der makellos lebt und das Rechte tut; der von Herzen die Wahrheit sagt…“ (Ps 15,2).

Es ist also immer auch eine spirituelle Herausforderung, sich auf den Weg zum Gipfel zu begeben. Ich kann nicht auf den heiligen Berg steigen und dabei in meinem Herzen über die Menschen schimpfen, die mich enttäuscht haben. Ich darf mich nicht mit Groll im Herzen auf den Weg machen, sondern nur, wenn ich in meinem Herzen auf Wahrheit sinne, wenn ich bereit bin, mich der eigenen Wahrheit zu stellen. Ähnlich antwortet Psalm 24 auf die Frage: „Wer darf hinaufziehn zum Berg des Herrn, …? Der reine Hände hat und ein lauteres Herz, der nicht betrügt und keinen Meineid schwört“ (Ps 24,3f).

Oft sind unsere Hände nicht rein, wenn wir aufbrechen. Aber das Wandern selbst kann uns reinigen von allem Unreinen, das sich in unserer Seele festgesetzt hat. Beim Bergsteigen können wir vieles Unklare hinter uns lassen, damit wir dann wirklich mit reinen Händen bei Gott ankommen. Mir haben viele Menschen erzählt, dass sie gerade dann auf Berge steigen, wenn ihr Leben chaotisch ist, wenn sich negative Emotionen aufgestaut haben oder sie Verleumdungen ausgesetzt sind. Das Bergsteigen reinigt sie von allem inneren Unrat, von allen Sorgen, die von außen auf sie einstürmen. Indem sie auf den Berg gehen, werden sie frei von allem Unklaren und Chaotischen in ihrem Inneren. Vieles, was in der Seele ungeordnet ist, strukturiert sich beim Wandern. Es bekommt eine innere Ordnung. Man sieht auf einmal klarer und erkennt Lösungen, wo vorher alles nur durcheinander und hoffnungslos war. Gerade wenn man auf den Berg steigt, gelingt einem das durch den Perspektivenwechsel: Man sieht alles mit anderen Augen an. Und vieles relativiert sich.

Die Berge sind in den Psalmen auch Verheißung für das, was Gott seinem Volk schenken will. So heißt es in Psalm 72,3: „Dann tragen die Berge Frieden für das Volk und die Höhen Gerechtigkeit." Wenn ich mit diesem Vers im Herzen die wunderbaren Gipfel bestaune, die mich umgeben, dann ahne ich: Von den Bergen geht wahrhaft Frieden aus. Sie sind einfach da. Ich wünsche mir sehnsüchtig, dass möglichst viele Menschen die Berge so betrachten und meditieren, dass sie den Frieden spüren, der von ihnen ausgeht. Es gibt etwas, was uns vorgegeben ist: Gerecht werden wir nur, wenn wir dem gerecht werden, was ist, wenn wir unserer eigenen Natur und den Menschen gerecht werden und aufhören, sie nach unseren Wünschen zurechtzubiegen. Am Berg gelten andere Maßstäbe, weitab des Alltags herrscht Klarheit.

Diese Klarheit, dass die Berge Frieden und Gerechtigkeit tragen, wie es im Psalm steht, habe ich vor allem, wenn ich an der kleinen Kapelle auf dem Ostara-Hügel am Riegsee sitze. Ich schaue auf die wunderbare Landschaft rings um den See und auf die Berge, die ihn umgeben. Was ist der Mensch angesichts einer solchen Erhabenheit? Und wie groß ist der innere Friede in solchen Momenten!

Noch eine weitere spirituelle Erfahrung, die man in den Bergen machen kann, kommt in den Psalmen zum Ausdruck: „Ehe die Berge geboren wurden, die Erde entstand und das Weltall, bist du, o Gott, von Ewigkeit zu Ewigkeit“ (Ps 90,2). Die Berge, die seit Jahrtausenden so stehen, wie sie es jetzt tun, verweisen uns auf Gott, der von Ewigkeit zu Ewigkeit ist. Der Psalmist betrachtet die Berge und sieht in ihnen ein Abbild Gottes. Sie verweisen auf Gottes Ewigkeit und Macht. Wenn Gott kommt, dann schmelzen die Berge wie Wachs (vgl. Ps 97,5). Das gilt auch für die Berge von Problemen, die wir vor uns aufgetürmt haben. Wenn der alttestamentliche Beter die Berge meditiert und in ihnen Gottes Schönheit und Macht erkennt, dann empfindet er diese als einen Lobpreis Gottes. Und so möchte er in den Jubel der Berge mit einstimmen: „Die Berge sollen jubeln im Chor vor dem Herrn, wenn er kommt" (Ps 98 8f). Im großen Lobpsalm 148 werden die Berge gar dazu aufgerufen, Gott zu loben: „Lobt den Herrn, … ihr Berge und all ihr Hügel" (Ps 148,7-9). Der Mensch weiß die Berge an seiner Seite, damit sie gemeinsam mit ihm die Herrlichkeit Gottes preisen.

„Sein heiliger Berg ragt herrlich empor, er ist die Freude der ganzen Welt“

In den Psalmen und bei den biblischen Propheten ist immer wieder die Rede vom heiligen Berg Gottes. Jeder Berg hat etwas Heiliges an sich. Er ist dem Zugriff der Menschen entzogen. Da ist etwas Erhabenes, etwas, was über den Menschen steht und was diese selbst in seinem Geist emporhebt. In Psalm 48 meint der Beter: „Sein heiliger Berg ragt herrlich empor, er ist die Freude der ganzen Welt“ (Ps 48,3). Die Psalmen lehren uns, die Schönheit der Berge mit neuen Augen anzuschauen. In ihnen wird Gott als das Urschöne sichtbar. Das Schöne tut uns immer gut. Es ist die Freude der ganzen Erde. Die Schönheit der Berge verweist uns auf einen Gott, den wir genießen dürfen, der unser Herz erfreut mit seiner Schönheit. Die Heiligkeit und Schönheit der Berge sind heilsam für uns. Dostojewski hat einmal gesagt: „Schönheit wird die Welt retten, wird die Welt heilen.“ Wenn ich im Ahrntal die Rötspitze oder den Schwarzenstein oder die Dreiherrenspitze anschaue, dann strahlt in diesen Bergen Gottes Schönheit für mich auf. Und ich erlebe etwas von der heilenden Kraft der Schönheit, in der Gott für uns anschaulich und erfahrbar wird.

In der Adventszeit wird oft ein Text aus dem Buch des Propheten Jesaja vorgelesen. Gott verheißt dem Volk Israel, aber auch uns, dass er auf seinem Berg – gemeint ist der Berg Zion – ein Festmahl geben wird für alle Völker, „mit den besten und feinsten Speisen, mit besten, erlesenen Weinen. Er zerreißt auf diesem Berg die Hülle, die alle Nationen verhüllt, und die Decke, die alle Völker bedeckt“ (Jes 25,6f).

Wenn ich in die Welt schaue, sehe ich viel Blindheit und sinnlose Gewalt: Die Menschen kämpfen gegeneinander. Gnadenloser Terror wütet. Im Umgang mit der Schöpfung wollen die Menschen nicht hinsehen, was sie der Natur antun, sodass sie immer mehr aus dem Gleichgewicht gerät.

Auf dem Berg sehe ich klarer. Aber zugleich sehne ich mich danach, dass Gott diesen klaren Blick allen Menschen schenkt. Wenn Gott die Hülle zerreißt, die wir auf unsere Augen gelegt haben, dann schauen wir die Schönheit der Welt auf neue Weise. Das Wort „schön“ hat eine gemeinsame Wurzel mit dem Wort „schauen“, aber auch mit „schonen“. Die Landschaft, die wir vom Berg aus sehen, scheint uns in ihrer Schönheit auf, wenn wir sie liebevoll anschauen und wenn wir sie schonen. Das heißt: Ich lasse die Natur so, wie sie ist. Und wenn ich mich in ihr bewege, sie nutze, gehe ich schonend mit ihr um. Wenn Gott die Hülle zerreißt, dann geht uns die Wahrheit auf. Und die Wahrheit ist schön und gut. Wir sehen die Welt mit neuen Augen.

Zugleich weckt dieser Text in mir die Sehnsucht, dass Gott ein gemeinsames Mahl für alle Völker hält, das die Menschen aller Rassen und Religionen, aller Völker und Kulturen gemeinsam am Tisch Gottes ein Fest des Friedens und der Versöhnung feiern. Es wäre doch ein Glück, wenn wir zusammen ein Fest der Freude und der Dankbarkeit feiern würden, dass Gott diese Welt so wunderschön geschaffen hat. Die Natur gehört allen.

Vielleicht hat dies auch der Prophet Jesaja erfahren, als er auf den Bergen Israels gewandert ist. Und es ist auch die Erfahrung eines weiteren Propheten, den die Exegeten Deuterojesaja nennen, der schreibt: „Steig auf einen hohen Berg, Zion, du Botin der Freude! Erheb deine Stimme, fürchte dich nicht! Sag den Städten in Juda: Seht, da ist euer Gott. Seht, Gott, der Herr, kommt mit Macht, er herrscht mit starkem Arm“ (Jes 40,9f).

Wer auf dem Berg die Nähe Gottes erfahren hat, der uns mit der Schönheit seiner Schöpfung umgibt, der möchte am liebsten allen anderen sagen: „Seht, da ist euer Gott.“

Gott ist dir nahe. Gottes Schönheit leuchtet dir in der Natur entgegen. Gottes Liebe kannst du erfahren, wenn du dich in die wärmende Sonne stellst. Gottes Geist kannst du spüren, wenn du dich vom Wind streicheln oder manchmal auch durchwehen lässt.

Früher haben wir in der ersten Vesper zum Advent in Lateinisch eine eindrucksvolle Antifon gesungen, die für uns der Inbegriff adventlicher Sehnsucht war: *In illa die stillabunt montes dulcedinem, et colles fluent lac et mel*: „An jenem Tage werden die Berge Süßigkeit triefen und die Hügel von Milch und Honig überfließen" (nach Joel 4,18).

Wenn ich auf dem Berg stehe und meditiere, kommt mir manchmal diese Antifon mit ihrer tröstenden Melodie in den Sinn. Dann werden die Berge, auf die ich schaue, für mich zum Symbol für Gottes Verheißung, dass er für uns sorgen wird, dass diese Welt für uns alle Heimat wird und allen das spendet, was sie zum Leben brauchen.

Aufstieg zum Berg Karmel

Zum Schluss möchte ich noch ein Bild meditieren, das nicht aus der Bibel stammt, sondern aus der mystischen Tradition des Christentums. Der Aufstieg zum Gipfel ist hier immer schon als ein Bild für den Aufstieg der Seele zu Gott verstanden worden. Gregor von Nyssa denkt dabei an eine Stufenleiter, die von Sehnsucht zu Sehnsucht immer höher führt. Origenes hat eher den Aufstieg des Mose auf den Berg Sinai vor Augen: Wir steigen wie Mose auf aus der Wüste, aus der Rebellion gegen Gott, aus der Gottesferne, und erfahren auf dem Berg Gott als das Licht, das auch unser Antlitz erleuchtet. All diese Bilder vom Aufstieg und von einer Stufenleiter des geistlichen Weges gipfeln dann in dem großen Werk des spanischen Mystikers Johannes vom Kreuz: *Aufstieg zum Berg Karmel.*

Johannes vom Kreuz kann den Weg des Menschen zu Gott am besten beschreiben, wenn er dabei den Aufstieg zum Berg Karmel vor Augen hat.

Als unser ehemaliger Abt Fidelis Ruppert einmal in Peru mit Orlando, einem peruanischen Indio, auf hohe Berge stieg, fiel ihm das Wort des Johannes vom Kreuz ein: „Mein Geliebter, die riesigen Berge". In der spanischen Ausgabe heißt es einfach: „*Mi amado, las montañas*". Pater Fidelis schreibt dazu in seinen Erinnerungen: „Was für eine gewaltige Gottesliebe muss in Johannes vom Kreuz aufgebrochen sein, dass die gewaltigen Berge seiner Heimat das passende Bild für Gott, seinen Geliebten, abgeben konnten oder mussten."[2]

Was Johannes vom Kreuz beschreibt, habe ich manchmal vor Augen, wenn ich aufwärtssteige. Da gehe ich Schritt für Schritt nach oben. Ich spüre die Anstrengung. Und ich kontrolliere auch nicht ständig, wie weit ich schon gekommen bin. Vielmehr konzentriere ich mich auf jeden Schritt. Jeder einzelne wird für mich zum Symbol, dass ich Gott immer näherkomme. Natürlich weiß ich, dass Gott überall ist. Ich muss nicht auf einen Berg steigen, um ihn zu erfahren. Dennoch ist der Aufstieg zu einem Berg ein Bild für den Aufstieg der Seele zu Gott. Die Mystiker, die das beschrieben haben, hatten wohl auch selbst erfahren, wie das ist. Und für sie war dieses Aufsteigen zum Bild geworden.

Dabei ist der Aufstieg im Leben nicht immer so klar. Johannes vom Kreuz beschreibt, dass wir dazu manchmal durch Nebel, ja durch eine dunkle Nacht

---

2 Fidelis Ruppert, Mein Geliebter, die riesigen Berge!, Münsterschwarzach 1994, S. 16.

hindurchgehen müssen. Es gibt Wegstrecken, auf denen wir Gottes Nähe gar nicht wahrnehmen. Und andere, auf denen wir nur uns selbst und die Schmerzen spüren, die uns der Weg bereitet. Und wieder andere, die uns alle Illusionen, in denen wir uns eingerichtet haben, nehmen. Beim Aufsteigen werden wir mit der eigenen Wirklichkeit konfrontiert. Und diese Wirklichkeit ist geprägt von Anstrengung, von Weitergehen, aber auch von Durchschnittlichkeit, von Alltäglichkeit. Dennoch gibt es auf diesem Weg immer wieder Lichtblicke: Auf einmal erkennen wir, worum es wirklich geht.

In der christlichen Tradition ist jeder Aufstieg letztlich auch ein Aufstieg des Gebets zu Gott. Wir sagen, dass wir im Gebet unser Herz zu Gott erheben. So kann auch das Besteigen eines Berges selbst zum Gebet werden. Ich bete also nicht mit bestimmten Worten, sondern erfahre das Aufsteigen selbst als Gebet. Ich erhebe mit jedem Schritt meine Seele zu Gott. Und spüre gleichzeitig, dass Gott nie zu erreichen ist.

Den Gipfel kann ich besteigen. Aber bei Gott komme ich nie an. Und doch bin ich immer von Gottes Gegenwart umgeben und in ihm. Mein Aufwärtsschreiten wird für mich zum Bild, dass dieser Gott das Ziel all meiner Wanderungen ist und dass ich den Gipfel erst im Tod letztlich ganz besteige, wenn ich Gott von Angesicht zu Angesicht sehen werde.

Johannes hat sich beim Aufstieg zum Berg Karmel danach gesehnt, dem Berg immer näher zu kommen, denn von ihm her strahlte ihm Gottes Liebe entgegen. Der Aufstieg war für ihn letztlich ein Hinaufsteigen in die unendliche Liebe Gottes.

KAPITEL 6

Ein Blick zurück – Dankbarkeit

Wenn ich auf all die Wanderungen, die ich im Lauf meines Lebens allein oder mit meinen Geschwistern unternommen habe, zurückschaue, so erfüllt mich eine tiefe Dankbarkeit. Es ist die Dankbarkeit für die wunderbare Schöpfung, für die Schönheit der Berge, für die Aussichten von den Gipfeln. Es ist aber auch die Dankbarkeit für das Miteinander. Wir haben gemeinsam schöne Stunden verlebt, haben uns gegenseitig gestützt und gestärkt und miteinander am Abend gefeiert. Und es ist der Dank an Gott, dass er uns vor Unfällen bewahrt und uns in Gefahren geschützt hat. Wenn man ins Gebirge geht, hat man nie die Garantie, dass man ohne Unfälle seiner Wege gehen kann. So bin ich überzeugt, dass Gott uns alle immer beschützt hat. Dafür bin ich dankbar.

Jedes Jahr bin ich mit schönen inneren Bildern wieder ins Kloster zurückgekehrt. Diese Bilder von herrlichen Landschaften und eindrucksvollen Gipfeln trage ich in meinem Herzen. Auch Viktor Frankl erinnerte sich am Ende seines Lebens gerne an seine Wanderungen und seine Klettertouren. Er schaute voll Wehmut darauf zurück. Aber dann tröstet er sich mit dem Dichterwort: „Was du erlebt, kann keine Macht der Welt dir rauben." Selbst würde er lieber sagen, er hätte seine Erlebnisse ins Vergangensein gerettet: „Das Vergangensein ist *auch* noch eine Weise des Seins, vielleicht sogar die sicherste, denn nichts und niemand kann es rückgängig machen, kann es ungeschehen machen, kann es aus der Welt schaffen – in seinem Vergangensein ist es geborgen, ist es aufbewahrt und vor der Vergänglichkeit bewahrt."[3]

So ist auf meinen Wanderungen viel Vergangensein entstanden. Aber es ist ein Sein, das mich jetzt noch prägt. Wenn ich die Bilder anschaue, die meine Schwägerin Gabi oder mein Bruder Konrad bei unseren Wanderungen gemacht haben, dann spüre ich die heilende Wirkung der wunderbaren Berge, dann bin ich dankbar für die Freude, die wir miteinander geteilt haben, für die Gipfel, die wir nach gemeinsamer Anstrengung erklommen haben.

Das, was ich erlebt habe, bleibt weiterhin in meiner Seele. Und ich kann durch die Erinnerung das, was vergangen ist, wieder in meinem Inneren lebendig werden lassen. Indem es in der Erinnerung lebendig wird, tut es meiner Seele gut, ist es ein heilsamer Balsam für sie. Schöne Erinnerungen nähren uns auf unserem Weg. Wenn es mir einmal nicht so gut geht, kann ich – wie es Hermann Hesse einmal beschreibt – voller Dankbarkeit

---

3 Viktor E. Frankl, Bergerlebnis und Sinnerfahrung, Innsbruck 1993, S. 34.

im Buch meiner Erinnerungen lesen. Ich muss dabei nicht wirklich ein Buch oder Foto zur Hand nehmen. Es sind die inneren Bilder, die sich mir eingeprägt haben. Wenn ich mich daran erinnere, erfüllen sie mich mit Dankbarkeit und Freude.

Ich denke jedoch nicht nur gerne zurück an meine Wanderungen in den Bergen. Immer, wenn ich beim Chorgebet die Psalmen singe, die vom Berg Gottes sprechen oder von den Bergen, die mit uns in den Jubel über Gott einfallen sollen, dann werden diese Bilder vor meinem inneren Auge lebendig. Und ich spüre, dass die Erfahrungen in den Bergen, des Wanderns und Bergsteigens, mit all den Anstrengungen in meine spirituelle Erfahrung einfließen.

Ich bin immer auf dem Weg zu Gott. Und dieser Weg ist ein Aufstieg der Seele zu ihm. Doch auch das Hinabsteigen in die Tiefen meiner Seele und in das Tal des Alltags gehört zu meinem spirituellen Weg. Alles wird zum Symbol für meine Beziehung zu Gott und für den Umgang mit mir selbst.

Schon in der Jugend wurde mir das Bergsteigen zum Bild für meine Askese: Ich kämpfte als Jugendlicher beim Bergsteigen gegen die Versuchung an, stehen zu bleiben und zurückzugehen. Und so kämpfe ich auch heute auf meinem geistlichen Weg gegen die Versuchung an, mich im Leben, so wie es gerade ist, gemütlich einzurichten – zu meinen, ich hätte mich schon genügend angestrengt, jetzt könne ich mich einfach nur ausruhen.

Der Weg zu Gott geht immer weiter. Und es ist manchmal auch ein mühsamer Weg, der die Kraft des Willens braucht, nicht aufzugeben. Ich gehe diesen Weg mit der Verheißung, die mir die Psalmen und Propheten immer wieder zusprechen. So möchte ich dieses Buch schließen mit den Worten aus dem Buch des Propheten Jesaja:

„Auch wenn die Berge von ihrem Platz weichen und die Hügel zu wanken beginnen – meine Huld wird nie von dir weichen und der Bund meines Friedens nicht wanken, spricht der Herr, der Erbarmen hat mit dir" (Jes 54,10).

Literatur

Viktor E. Frankl, Bergerlebnis und Sinnerfahrung, Innsbruck 1993.

Manfred Ruoß, Zwischen Flow und Narzissmus. Die Psychologie des Bergsteigens, Bern 2014.

Fidelis Ruppert, Mein Geliebter, die riesigen Berge!, Münsterschwarzach 1994.

Marsha Sinetar, Die Sehnsucht ganz zu sein, Freiburg 1991.

Reinhold Stecher, Botschaft der Berge, Innsbruck 1987.

Vita

Anselm Grün ist Benediktinermönch der Abtei Münsterschwarzach, deren Cellerar (wirtschaftlicher Leiter) er 36 Jahre lang war. Als Kursleiter und geistlicher Begleiter ist er viel unterwegs. Mit zahlreichen Veröffentlichungen und Vorträgen erreicht er Millionen von Menschen.

www.anselm-gruen.de

Der Verlag weist ausdrücklich darauf hin, dass im Text enthaltene externe Links vom Verlag nur bis zum Zeitpunkt der Buchveröffentlichung eingesehen werden konnten. Auf spätere Veränderungen hat der Verlag keinerlei Einfluss. Eine Haftung des Verlags ist daher ausgeschlossen.

MIX
Papier aus verantwortungsvollen Quellen
FSC® C014496
FSC
www.fsc.org

1. Auflage September 2016
2. Auflage September 2016
3. Auflage Januar 2017
Bestell-Nr. 835115 (adeo Verlag)
ISBN 978-3-86334-115-2 (adeo Verlag)

ISBN 978-3-7365-0032-7 (Vier Türme Verlag)

Umschlaggestaltung: Gute Botschafter GmbH, Haltern am See
Innengestaltung: Maike Michel
Fotografien: Tobias Kreissl
Satz: Uhl + Massopust, Aalen
Druck und Verarbeitung: GGP Media GmbH, Pößneck
Printed in Germany

www.adeo-verlag.de
www.vier-tuerme-verlag.de